Helmut Köckenberger

KINDER MÜSSEN SICH BEWEGEN

SPIELEND LERNEN UND WACHSEN

Urania-Ravensburger

Weitere Titel zum Thema bei Urania-Ravensburger:
Frauke Helmers: Kinder brauchen Freunde. Was können Eltern tun?
128 Seiten, ISBN 3-332-01031-x
Martina Eckert: Wenn wir Eltern werden... ist alles anders, 128 Seiten,
ISBN 3-332-01032-8

Die Deutsche Bibliothek – CIP-Einheitsaufnahme
Köckenberger, Helmut:
Kinder müssen sich bewegen : spielend lernen und wachsen / Helmut Köckenberger. - Berlin : Urania-Ravensburger, 1999
ISBN 3-332-01033-6

Die Ratschläge in diesem Buch sind von Herausgeber und Verlag sorgfältig erwogen und geprüft, dennoch kann eine Garantie nicht übernommen werden. Eine Haftung des Herausgebers bzw. des Verlags und seiner Beauftragten für Personen-, Sach- und Vermögensschäden ist ausgeschlossen.
Die Schreibweise entspricht den Regeln der neuen Rechtschreibung.

Umschlaggestaltung: Behrend & Buchholz, Hamburg
Titelfoto: VCP/Bavaria
Fotos: Ernst Fesseler/drumlin: S. 10, 17, 19, 26, 29, 34, 35, 39, 43, 53, 57, 60, 63, 64, 68, 72, 81, 83, 87, 90, 95, 96, 110, 113, 117; Roland Banzhaf: S. 11, 16, 23, 74; Helmut Köckenberger: S. 93, 104, 111; Klaus Miedzinski: S. 86; Heidi Velten: S. 105
Grafiken: Karolina Stuhec-Meglic
Redaktion: Jeanette Stark-Städele
Druck: Magdeburger Druckerei
Printed in Germany
Gedruckt auf alterungsbeständigem Papier mit chlorfrei gebleichtem Zellstoff

02 01 00 99 5 4 3 2 1
ISBN 3-332-01033-6

INHALT

In meinem Körper
fühle ich mich zu Hause,
geborgen, beschützt und in Sicherheit.
In meinem Körper
verstecke ich Erinnerungen,
kleine verschmitzte und große bedrohliche.
In meinem Körper
entwickle ich Gedanken,
Pläne und Erwartungen für jetzt und morgen.
In meinem Körper wecke ich die Sehnsucht
nach Vollkommenheit,
nach Gewohnheit und nach Zärtlichkeit.
Mit meinem Körper
atme ich die Weite der Wälder,
umarme die Tiefe der Täler und schwinge mit der Gleichförmigkeit der Wellen.
Mit meinem Körper durchschreite ich Leben,
suche Begegnungen und erreiche Horizonte.
Mein Körper verwirklicht Wünsche, begreift die Welt,
träumt von Beständigkeit (Ewigkeit) und ...
spielt.
Was wäre ich ohne meinen Körper?

EINLEITUNG

In unserer westlichen Welt geht es vielen Kindern sehr gut. Sie leiden keinen Hunger und es fehlt ihnen in materieller Hinsicht an nichts. Im Gegenteil: Kinder sind eine begehrte Zielgruppe der Industrie. Spielsachen, Kindermode, Kinderzimmereinrichtungen, Fernsehsendungen und Spielplätze werden speziell für Kinder geschaffen. Viele Pädagogen und Psychologen suchen nach der bestmöglichen Erziehung und stehen den Eltern mit Ratschlägen zur Seite.

Bequeme Kindheit – glückliche Kindheit?

Doch gleichzeitig scheint sich etwas Grundlegendes aus der Kindheit zu schleichen: die Eigeninitiative und die Bewegung, die doch das Fundament jeglicher Persönlichkeitsentwicklung bilden.

Bewegung und action erleben viele Kinder heute nur noch als Zuschauer – im Fernsehen oder dem Stadion. Wie wirkt sich das auf ihre Entwicklung aus?

Bei den Erwachsenen nehmen die Zivilisationskrankheiten wie Herzinfarkt und Rückenschmerzen stark zu. Doch auch Kinder leiden zunehmend unter gesundheitlichen und seelischen Problemen. Die Zahl der bewegungs-, wahrnehmungs- und verhaltensauffälligen Kinder steigt kontinuierlich. Haltungsschwächen, Ausdauerschwächen, Übergewicht, Konzentrationsmangel und Einschlafprobleme sind schon bei einem Großteil der Schulkinder zu beobachten.

Kinder müssen sich bewegen!

Ärzte, Krankenkassen und Pädagogen sind sich einig: Bewegungsmangel macht unsere Kinder krank. Um sich körperlich, seelisch und geistig optimal zu entfalten, müssen Kinder sich bewegen!

Was also können wir tun? Wir haben uns an Bequemlichkeit und Zuschauen, aber auch an Stress und volle Terminkalender gewöhnt. Dieses „Vorbild“ leben wir unseren

Kindern vor. Gleichzeitig ist die Umgebung, in der viele Kinder aufwachsen, alles andere als „bewegungsfreundlich“. Doch Kinder brauchen unsere Unterstützung, damit durch mehr Bewegung in unserem gemeinsamen Leben mit den Kindern Lebensfreude und Aktivität, fundiertes Lernen und kindgemäße Entwicklung wieder ermöglicht werden.

Dieses Buch zeigt im ersten Teil die Zusammenhänge zwischen Bewegung und körperlicher, geistiger und seelischer Entwicklung auf. Es erklärt die Notwendigkeit ausreichender Bewegung in einer „reizvollen“ Umgebung, damit sich jedes Kind, das normale genauso wie das „auffällige“, lustvoll und „sinnvoll“ spielerisch entwickeln kann.

Im zweiten Teil wird eine Vielfalt von Spielanregungen und Materialien beschrieben, die zu Hause, im Kindergarten, in der Schule oder in einer therapeutischen Situation Anwendung finden können.

Dieses Buch wendet sich damit nicht nur an Eltern, sondern gleichermaßen an ErzieherInnen, LehrerInnen und TherapeutInnen, die Kindern vielfältige Bewegungsanreize verschaffen wollen.

1. Kapitel

BEWEGUNG – GRUNDLAGE DER ENTWICKLUNG

Bewegung macht Spaß.
Bewegung eröffnet Möglichkeiten.
Bewegung ist lebensnotwendig.
Bewegung ist der Motor einer
gesunden Entwicklung.

BEWEGUNG UND ENTWICKLUNG

Die ersten Schritte – für alle Eltern bedeuten sie einen Meilenstein in der Entwicklung ihres Kindes. Ein toller „Fortschritt"! Schon dieses Wort zeigt, in welch engem Zusammenhang Bewegung und Entwicklung gesehen werden. Wir alle bewegen uns in unserem Leben immer weiter – körperlich, seelisch und geistig. Wahrnehmen, Fühlen, Denken, Wachsen haben eine gemeinsame Triebkraft: die Bewegung. Die Entwicklung all dieser Fähigkeiten verläuft dabei bei allen Kindern nach demselben Muster, doch in unterschiedlichem Tempo und individueller Ausprägung.

Gibt es eine „normale" Entwicklung?

Vergleichen Sie Ihr Kind nicht ständig mit anderen Kindern. Ihr Kind entwickelt sich gemäß seinem eigenen Naturell.

Jedes Kind hat sein eigenes Entwicklungstempo. Das eine kann schon mit zehn Monaten laufen, das andere macht mit sechzehn Monaten seine ersten Schritte, ohne dass es „entwicklungsgestört" wäre. Oft vergessen die Eltern diese „normalen" Unterschiede:

„Schau mal, was Tanja jetzt schon wieder macht. Sie kann ja schon krabbeln! Sie ist sehr schnell für ihr Alter, meinst du nicht auch?"

„Warum spricht unser Werner noch nicht? Er ist jetzt doch schon zwei Jahre alt. Das Nachbarskind hat schon mit achtzehn Monaten gesprochen."

Viele Eltern wollen auch anhand von Entwicklungstabellen immer wieder überprüfen, ob sich ihr Kind altersgemäß entwickelt. Diese Tabellen sind nach dem kindlichen Alter und den aufeinander aufbauenden Entwicklungsstufen geordnet. Sie dienen als Anhaltspunkt dafür, ob sich das Kind in der Norm befindet oder ob es von der Norm abweicht, auffällt und deshalb besonderer Aufmerksamkeit und Förderung bedarf. Doch auch hier gilt: Abweichungen von der „Norm“ bedeuten noch nicht unbedingt eine Entwicklungsstörung.

Heutzutage weiß man, dass sich Entwicklung nicht eindeutig nacheinander Stufe für Stufe vollzieht. Jede Stufe wird in die nachfolgenden einbezogen und greift immer wieder auf die vorhergehenden zurück. Die einzelnen Entwicklungsstufen hängen eng zusammen und sind nicht deutlich voneinander trennbar. Fortschrittsphasen wechseln sich unregelmäßig mit Ruhe-, Wiederholungs- oder auch anscheinenden Rückschrittsphasen ab. Kinder lernen einmal schnell und zügig, dann wieder ist kaum eine Entwicklung sichtbar. Manche Kinder verweilen länger oder zeigen manche Schritte nicht sehr deutlich. Die große Pädagogin Maria Montessori spricht von sensiblen Phasen, also individuellen Zeiten, in denen ein Kind bestimmte Tätigkeiten oder Lernfelder bevorzugt, untersucht oder entwickelt. In dieser Phase lernt das Kind eine bestimmte Fertigkeit besonders schnell und effektiv.

Alles hängt zusammen

Bewegung existiert nie allein. Sie wird immer begleitet von kontrollierender Wahrnehmung oder von Gefühlen, Erinnerungen oder Plänen. Jede Bewegung wird von irgendeiner Wahrnehmung ausgelöst und von irgendeiner Art der Motivation veranlasst.

Die Bewegung bewegt alles: Gefühle, Denken, soziales Verhalten.

Der zweijährige Stefan hat das Bedürfnis, von der Mutter hochgehoben zu werden. Er will die Wärme seiner Mutter spüren. Er will Sicherheit. Er will sagen: „Ich will zu dir.“ Er erinnert sich an gestern, als andere Kinder von der Mutter hochgehoben wurden. Er streckt der Mutter seine Ärmchen hin.

Bei Kindern werden Bewegungen durch die Vererbung, das Temperament, die eigenen Erfahrungen und die momentanen Bedürfnisse, genauso wie durch die Umwelt und die Erziehung beeinflusst.

Kein Bereich des Menschen entwickelt sich oder funktioniert völlig unabhängig von anderen Bereichen. Auch im Gehirn sind alle menschlichen Bereiche miteinander durch direkte nervöse Bahnen, durch biochemische Reaktionen oder durch komplexe Verschaltungen verbunden.

Die Bewegung *(Motorik)* steht an zentraler Stelle, weil ihr eine einleitende und vermittelnde Aufgabe zufällt – als Botschafter der Gefühle und Verständigung, als Werkzeug von Wahrnehmung und Handlung, als Geburtsstätte von Denken und Sprache.

OHNE BEWEGUNG LÄUFT NICHTS

Die Bewegung ist also der Motor der Entwicklung. Doch Bewegung ist nichts, das wir von Geburt an perfekt beherrschen. Wir müssen ganz von vorn anfangen.

Das Spiel mit der Schwerkraft

Bevor ein Kind lernen kann, sich zu bewegen, muss es lernen, seine Muskulatur anzuspannen. Wer denkt schon daran, wie mühsam es zunächst einmal ist, sich der Schwerkraft entgegenzusetzen?

Der Säugling kann anfangs seinen Kopf nicht selbst halten. Er würde nach hinten oder zur Seite kippen. Deshalb wird er von der Mutter beschützend gehalten.

Von Geburt an ist der Mensch der Schwerkraft ausgesetzt. Die Schwerkraft ist diejenige physikalische Kraft, die

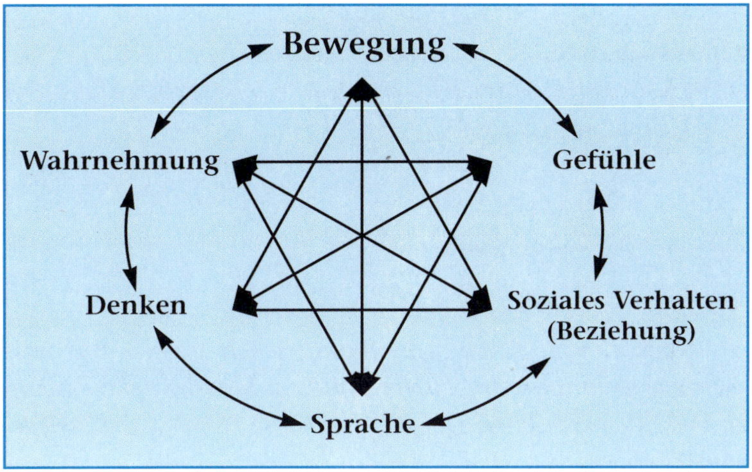

alle Materie – also auch den Menschen – in Richtung Erdmittelpunkt zieht. Deshalb landet jeder Stein, den wir nach vorn wegwerfen, irgendwann auf dem Boden. Deshalb fällt unser Arm, den wir hochgehoben haben, wieder nach unten an den Körper, sobald wir ihn nicht mehr hochhalten. Die Schwerkraft ist der Grund dafür, dass wir eine gewisse Grundspannung unserer Muskulatur, den Tonus, aufbauen müssen. Diese Grundspannung verhindert ständig und unbewusst dass unser Körper zu Boden fällt und zusammensackt, egal, ob er sitzt, steht oder rennt.

Jedes Kind muss als Erstes lernen, sich der Schwerkraft entgegenzustemmen.

Die einjährige Jasmin hat sich gerade am Tisch zum Stehen hochgezogen. Sie ist noch unsicher und hält sich verkrampft fest. Sie kämpft mit der Schwerkraft.

Das Kind ist bemüht, sich immer wieder – zuerst reflexartig – an die Schwerkrafteinwirkung anzupassen. Neue Positionen verunsichern. Das Kind übt selbständig, sie einzu-„nehmen“ und auszu-„halten“.

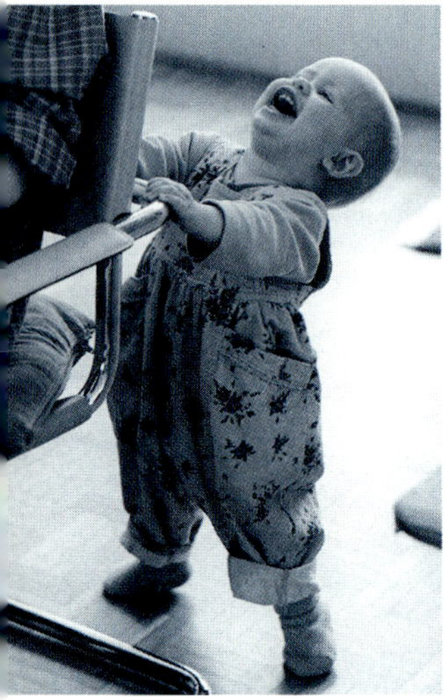

Das Spiel heißt sichern und entsichern.
Die Motivation dazu ist das leichte Magenkribbeln und der Wagemut, die Sicherheit für einen kleinen Moment zu verlassen – im Wissen, jederzeit zurück zu können.
(Vgl. auch Kükelhaus, H. 1982)

Nach einigen Tagen steht Jasmin schon stabiler. Sie muss sich nun nicht mehr am Tisch festhalten. Sie schwankt von Fuß zu Fuß. Wenn es brenzlig wird, greift ihre Hand schnell wieder zum Tisch.

Erst im Vertrauen auf die gesicherte Position entsichert das Kind die stabil gehaltene Position und beginnt, mit der Schwerkraft zu spielen. Es lehnt sich heraus und bewegt seinen Körperschwerpunkt etwas aus der sicheren Position heraus und nimmt diese blitzschnell wieder ein, sobald es unsicher wird. Es lernt dadurch viele verschiedene Möglichkeiten, wieder zur Stabilität zurückzukehren und sein Gleichgewicht zu halten.

Einige Zeit später steht Jasmin endlich sicher auf ihren beiden Beinen. Jetzt greift sie mit ihrer Hand nach dem Ball, trägt ihn zur Mutter oder wirft ihn zum Vater. Nun beherrscht sie das Spiel mit der Schwerkraft.

Die beiden oben beschriebenen Faktoren (Grundspannung und Gleichgewicht) sind elementare Voraussetzungen für das Kind, um sich in einer Position überhaupt bewegen zu können. Bewegung setzt die Beherrschung der Schwerkraft voraus.

Bewegung braucht Bewegung

Bewegung erfolgt anfangs unbewusst. Der Säugling macht zufällig eine Bewegung. Er probiert sie immer wieder aufs Neue aus. Er wiederholt sie ständig, damit sie im Gehirn abgespeichert werden kann.

Daniel macht seine ersten Krabbelversuche. Er hält oft inne, wippt in dieser Stellung hin und her, ist unregelmäßig in den Arm- und Beinbewegungen und auch im Krabbeltempo. Nach einigen Wochen wird er am Boden nicht mehr zu bremsen sein und beginnen, auch über Hindernisse zu krabbeln.

So kann dieses Bewegungsmuster in bekannten, später auch in unterschiedlichen Situationen eingesetzt werden. Der kindliche Körper kann jetzt automatisch zur richtigen Zeit auf bekannte oder ähnliche Umweltbedingungen angemessen reagieren. Dadurch erscheinen die Bewegungen harmonisch und flüssig.

Durch ständige Wiederholungen werden Bewegungen automatisiert und situationsgerecht einsetzbar.

Der 15-jährige Michael joggt im Wald. Anfangs kontrolliert er mit seinen Augen den Waldweg nach etwaigen Baumwurzeln. Nach einiger Zeit wird er mit hohem Tempo quer durch den Wald laufen können. Die Beinbewegungen passen sich automatisch den Unebenheiten der Umwelt an.

Auf diese Weise lernt das Kind die weiträumigen Bewegungsmuster und Bewegungsübergänge *(Grobmotorik)*. Es dreht sich vom Rücken auf den Bauch, stützt sich mit Unterarmen oder Händen ab. Es setzt sich hin. Es robbt und krabbelt. Es überwindet Hindernisse auf dem Boden. Es kniet, steht auf, geht, rennt, springt, klettert und lässt sich wieder fallen. Diese Grundlage hilft, spezielle und feine Bewegungen auszubilden. Das Kind übt die Geschicklichkeit des gesamten Körpers, den Einsatz der Hände, der Mund- und Gesichtsmuskulatur *(Feinmotorik)*.

Dieser Zusammenhang kann als fortschreitender Entwicklungskreislauf dargestellt werden:

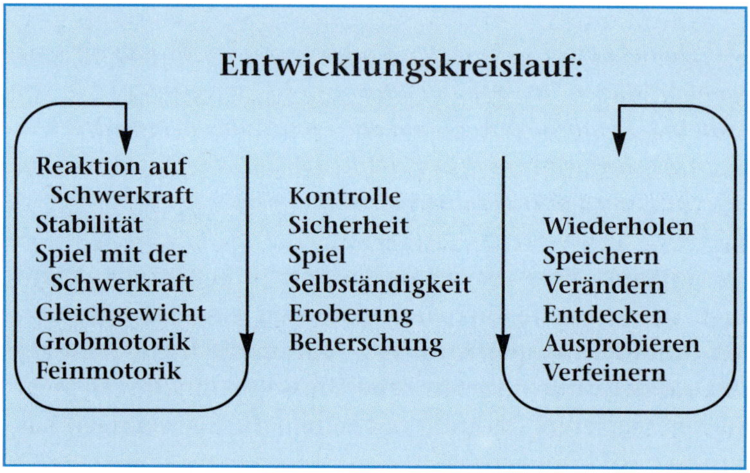

Warum lernen wir Bewegung?

Kinder bewegen sich schon im Mutterleib aus Bewegungsfreude. Bewegung macht Spaß. Das Kind lernt über Bewegung seinen Körper kennen und beherrschen. Der kindliche Körper wird erkundet.

Matthias übt immer wieder das Gehen. Er will jetzt endlich gehen können, ohne hinzufallen. Denn Gehen, das spürt er, bedeutet Selbständigkeit.

Bewegung macht Spaß und erweitert die Welt.

Die Umgebung lockt, erobert zu werden. In der Nähe liegt ein Ball, der berührt oder ergriffen werden will. Neugierig werden andere Gegenstände oder Menschen erspäht, die es zu erforschen gilt. Liegt ein Gegenstand weiter entfernt, müssen neue Bewegungsmöglichkeiten erfunden werden. Bald wird der Bodenbereich mühelos beherrscht. Jetzt werden in der Höhe Schubladen- und Tischbereiche untersucht. Der Bewegungsradius wird im Haus durch Treppensteigen, Rennen und Klettern erweitert.

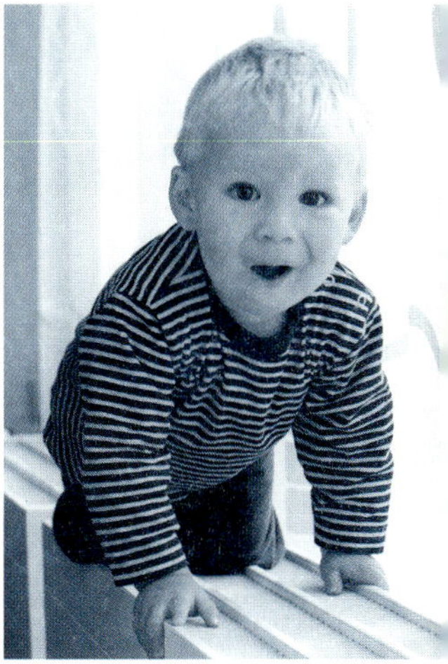

Das Kind passt seine Bewegungen an die Umgebung an bzw. benutzt und verändert die Umgebung nach seinen Bedürfnissen. Der Körper lernt Bewegungen, indem er sich mit der Umwelt auseinandersetzt und mit Material spielt.

Das Schritt für Schritt perfektionierte Bewegungsverhalten erweist sich als überlebensnotwendig. Jeder Arbeitsvorgang und jede lebenspraktische Tätigkeit bestehen aus einer unendlichen Vielzahl einzelner Bewegungsanforderungen und körperlichen Leistungen, die zumeist auch noch unbewusst vonstatten gehen. Denken wir nur an alltägliche Verrichtungen: Wecker ausschalten, Gähnen, Aufstehen, Zähneputzen, Anziehen, Frühstücken und Spülen des Geschirrs.

Oftmals wird die Komplexität einer geleisteten Tätigkeit erst bemerkt, wenn etwas Sand ins Getriebe gekommen ist, z. B. wenn das Ankleiden unter starken Kreuzschmerzen durchgeführt werden muss.

Harmonische, sichere Bewegungen sind im Alltag unverzichtbar.

Unsere körperliche Gesundheit profitiert von den alltäglichen Bewegungen. Harmonische Bewegungen des gesamten Körpers lockern die Gelenke, kräftigen und entspannen die Muskulatur und das Bindegewebe, unterstützen eine aufrechte und ökonomische Haltung, massieren die Organe, erleichtern eine optimale Atmung, fördern die Durchblutung und damit auch die Sauerstoffzufuhr des Gehirns. Es ist allgemein bekannt, dass ausgewogene Bewegung einen gesunden Körper und einen klaren Geist schafft.

Die Ausbildung und Perfektionierung dieser vielen Bewegungsabläufe muss das Kind in vielen Situationen immer und immer wieder üben und abwandeln können.

BEWEGUNG BILDET DIE SINNESSYSTEME AUS

Bewegungserfahrungen verfeinern das Bewegungsverhalten – das haben wir eben gesehen. Doch auch die Sinne profitieren von vielfältiger Bewegung: Sie bleiben wach und werden geschärft.

Doch fragen wir zunächst, was unsere Sinne, d. h. unsere Wahrnehmung, alles leisten.

Sinne „nehmen" wahr

Wahrnehmung begreift die Welt als individuelle Wirklichkeit – geprägt von eigenen Erfahrungen, Bedürfnissen und Vorstellungen.

Die Wahrnehmung, also alles, was wir sehen, hören, fühlen, riechen oder schmecken, schildert uns die Ereignisse, die in unserem Körper oder außerhalb unseres Körpers stattfinden. Sie verbindet die Innenwelt mit der Umgebung. Zwei der insgesamt sieben Sinnessysteme verteilen sich über den gesamten Körper: Die Haut spürt Berührungen an der gesamten Körperoberfläche unterschiedlich gut *(taktil)*. In der Körpertiefe empfinden die Muskeln und die Gelenke Bewegung, Kraft und Stellung der Körperteile *(kinästhetisch)*.

Alle anderen Sinnessysteme sind im Kopfbereich angesiedelt: das Hören mit den Ohren *(auditiv)*, das Sehen mit den Augen (*visuell*), das Schmecken mit der Zunge *(gustatorisch)*, das Riechen mit der Nase *(olfaktorisch)* und das Empfinden von Schwerkrafteinwirkung und Kopfbewegungen im Innenohr *(vestibulär)*.

Markus sieht eine unauffällige Walnuss zwischen vielen Blättern auf dem Boden liegen. Er fixiert mit den Augen die gewünschte Nuss und übersieht die momentan unbedeutende Umgebung. Markus spürt und kontrolliert die Bewegung, sich zu bücken. Die Fingerspitzen erfühlen die raue, aber ein wenig klitschige Nussschale, ertasten die Größe und Festigkeit und formen die Gestalt der Nuss nach. Die Nase riecht die modrigen Blätter, den feuchten Wald, aber besonders die Nuss. Das Gedächtnis des Geschmackssinns erinnert an nussige Gaumenfreuden. Das Gefühl freut sich auf das Essen, das soziale Gewissen mahnt zum Teilen. Das Bewegungsgedächtnis erinnert an verschiedene Möglichkeiten des Nussknackens.

Wahrnehmung bedeutet aber nicht nur die Aufnahme der Eindrücke über die einzelnen Sinnesorgane *(Sensorik)*. Vielmehr werden die Eindrücke ins Gehirn weitergeleitet, wobei wichtige Ereignisse verstärkt und unwichtige gehemmt werden. Alle Eindrücke werden miteinander verglichen und durch frühere Erfahrungen ergänzt *(sensorische Integration)*. Der Erfolg der Bewegungsantwort wird wiederum über die Wahrnehmungssysteme kontrolliert.

Das Erleben vielfältiger Sinneseindrücke in der Kindheit ist unverzichtbar, damit das Kind eine wache Wahrnehmung entwickeln kann und seine Sinne nicht verkümmern.

Erst durch Bewegungen werden Sinneseindrücke überprüfbar.

Sinne werden durch Bewegung angeregt

Die Bewegung spielt für die Sinne eine entscheidende Rolle. Ein Großteil dieser fein abgestimmten Wahrnehmungsvorgänge wird durch konkrete Bewegungserfahrung gewonnen.

Schon im Mutterleib spürt der Embryo die Bewegungen der Mutter. Er wird im Fruchtwasser geschaukelt, bewegt und berührt. Wenn das Baby auf die Welt kommt, ist es nur durch die grundlegenden Wahrnehmungssysteme von Gleichgewichts-, Haut- und Bewegungssinn auf diese neue Umwelt vorbereitet. Es muss lernen, sich im wahrsten Sinne des Wortes zurecht zu finden, sich zu bewegen, Gegenstände, Gesichter, Gerüche, Geschmacksrichtungen, Geräusche und Berührungen zu erkennen und einzuordnen. Es ergreift bald Gegenstände und spürt Größe, Beschaffenheit und Form. Es sucht und bewegt sich später auf Geräuschquellen zu. Die Augen stellen sich auf bedeutende Ereignisse ein – das Gesicht der Mutter, ein verlockender Gegenstand –, um diese Wahrnehmung durch Befühlen zu überprüfen. Das Baby erfährt über eigene Bewegung die Abstände im Raum, um sie mit den Augen abschätzen zu lernen.

Schon das Baby benötigt also die konkreten Bewegungserlebnisse, um sie später durch einzelne Sinnesleistungen ersetzen oder vorwegnehmen zu können.

Das Kind benötigt Bewegung als Werkzeug, um Informationen der Umwelt und des Körpers überhaupt mit den Sinnen aufnehmen zu können. Das Kind nimmt seinen Körper einfacher durch Berührung oder Bewegung wahr. Es spürt Berührungen deutlicher, wenn sie bewegt oder ertastet werden. Bewegungen entdecken die Beschaffenheit des Untergrunds. Körperhaltungen werden leichter mit Muskelanspannung interpretierbar. Nur durch Kopfbewegungen erfährt der Gleichgewichtssinn von Beschleunigung, Richtungsänderung oder wechselnder Schwerkrafteinwirkung. Nur durch Bewegungen der Augenmuskulatur können interessante Motive fixiert und verfolgt werden.

Kinder erspüren ihren Körper vor allem in der Bewegung.

DENKEN FÄNGT IM KÖRPER AN

Wenn Erwachsene über etwas nachdenken, müssen sie sich dazu nicht bewegen oder tatsächliche Ereignisse wahrnehmen. Dieses „theoretische“ Denken ist aber im kindlichen Alter noch selten der Fall. Ein Kind will Denkprozesse, Ideen und Handlungspläne sofort umsetzen, Problemlösungen ausprobieren, Vorstellungen in symbolische Spiele verwandeln oder Erinnerungen spontan mitteilen.

Offensichtlich benutzt das Kind ab dem Säuglingsalter vielfältige Bewegungs- und Wahrnehmungserfahrungen, um Denken zu entwickeln. Es greift nach der Umwelt. Es wiederholt solange zufällig entstandene Bewegungen und kurze Handlungen, bis sie vollständig „begriffen", eingeordnet und abgespeichert sind; diesen Vorgang bezeichnet man als praktische Integration. Erst wenn diese Automatisierung erfolgt ist, wird das Kind „den Spieß umdrehen" können. Das heißt, wenn es nun ein bestimmtes Erlebnis will, kann es dazu aus seinem Gedächtnis die benötigten Bewegungen abrufen. In diesem Moment vollzieht sich der erste Ansatz einer denkenden Leistung, die zielgerichtete Umsetzung von Wunsch, Plan und Handlung. Diese Umsetzung vom kindlichen Wunsch in eine tatsächliche Handlung lässt in Gedanken einen Plan entstehen.

Denken ist immer in Bewegung – Gedanken bewegen.

Die acht Monate alte Sarah sitzt im Kinderstuhl und stößt zufällig an einen Löffel. Der Löffel fällt zu Boden und erzeugt dabei Lärm. Nach vielen Versuchen hat Sarah die benötigte Armbewegung erkannt. Sie will Lärm erzeugen und die Reaktion des Vaters erleben. Also führt sie die Armbewegung aus und der Löffel fällt nach unten.

Bewegungen fördern kreatives Denken

Das Kind beginnt mit gelernten oder ähnlichen Bewegungen zu experimentieren – es ist neugierig auf das Ergebnis. Kreativität ist hierbei ein wichtiger Entwicklungsbaustein.

Als Nächstes stößt Sarah mit derselben Armbewegung statt dem Löffel eine Rassel zu Boden. Ergibt es dasselbe Geräusch wie der fallende Löffel? Sie sieht andere Gegenstände und wirft sie in die Luft. Werden sie auch zu Boden fallen und Geräusche erzeugen? Sarah will das lauteste Geräusch erzeugen und sucht nach dem dafür geeigneten Gegenstand: eine Blechdose. Noch besser: die Kombination von Löffel und Blechdose!

Bewegung und Kreativität sind die Basis des Denkens.

Nur wenn ein Kind diese Vielzahl von Überlegungen bei kleinen und überschaubaren Bewegungshandlungen leistet, wird es lernen, schrittweise eine konkrete Bewegungshandlung durch symbolhafte Spiele, durch Begriffe oder durch anschauliches Denken ersetzen zu können. Dieser Prozess vollzieht sich folgendermaßen:

Zufallsbewegungen ▶▶ gesteuerte Bewegungen ▶▶ automatische Bewegungen ▶▶ Handlungserfahrung ▶▶ Handlungsplanung ▶▶ Handlungsvorwegnahme ▶▶ Handlungsersatz ▶▶ logisches Denken.

Alle Denkvorgänge im Gehirn benötigen eine riesige Anzahl von Nervenverbindungen. Diese Verbindungen werden in den ersten Lebensjahren durch Bewegungserfahrungen erschlossen. Deshalb ist es so wichtig, dem Kind von klein auf viele Bewegungsangebote zu machen.

SPRACHE BEZEICHNET ERLEBNISSE

Erst wenn sprachliche Verständigung, z.B. im Ausland, nicht möglich ist, merken wir, wie selbstverständlich wir uns über Worte mit anderen Menschen austauschen können. Sprache drückt Gedanken oder Gefühle aus. Körperhaltung, Mimik und Gestik begleiten Sprache.

Schon bei Säuglingen ist ein Zusammenspiel von Mund und Händen zu beobachten. Ein Baby greift und ertastet solange mit Hand und Mund einen Gegenstand, um das Material, seine Beschaffenheit und seine Funktion zu verstehen – bis es ihn begriffen hat. Das Baby erkennt nun das Material. Es gibt dem bekannten Material einen Namen *(begriffliche Integration)*. Ein Begriff wird gebildet, als Abbild der Bewegungserfahrung durch die kindlichen Hände. Eine Bezeichnung wird als Skizze der erlebten Wirklichkeit ausgedrückt. Die Muskeln von Hände und Mund werden gleichzeitig zu den geschicktesten und sensibelsten Körperteilen des Körpers.

Greifen – Begreifen – Begriff

Wenn sich das Baby aufrichtet, kann es eine fein abgestufte, bewegliche (bewegende) Stimme entwickeln und die befreiten Hände während des Gehens benutzen.

Sprache ist Austausch

Sprache entsteht als Austausch zwischen Eltern und Kind. Dieser Dialog findet zuerst hauptsächlich körperlich durch Berührung, Gesten und Blickkontakt statt *(basale Kommunikation)*. Bald erweitert der Säugling das Gespräch durch Lautäußerungen (da-da-da). Er benennt seine erfahrene Umgebung. Das Kleinkind lernt Bewegungen zu komplexen Handlungen aneinander zu reihen *(seriale Leistung)*, genauso wie einzelne Laute und Worte zu Sätzen. Sie beschreiben seine Bedürfnisse. Das Kind spricht, während es spielt

Sprache ist Ergebnis von Bewegung und Handlung.

und sich bewegt. Schließlich verwendet es Sprache lautlos, um innere Vorgänge und Gedanken zu formulieren. Auch Erwachsene verwenden viele Worte, die noch den direkten Bezug zur ursprünglichen Bewegung beinhalten, wie zum Bei-spiel Be-weg-ung, Be-ziehen, Ur-sprung, Er-fahr-ung, Gegen-stand, Ent-wickeln, Hand-lung, ge-zielt, unter-scheiden, In-halt, ver-stehen ...

GEFÜHLSBEWEGUNGEN

Gefühle bereichern das menschliche Leben. Ohne sie und ihren körperlichen Ausdruck würden wir uns kaum von Robotern unterscheiden. Zu den Gefühlen gehören Freude, Mitgefühl, Sehnsucht, Zuneigung – aber genauso Wut, Trauer, Ärger, Verzweiflung und Angst. Alle Gefühle erzählen von bisherigen Erfahrungen, augenblicklichen Erlebnissen und zukünftigen Erwartungen.

Körper und Bewegung unterstützen das Kind, Gefühle zu entwickeln und mit ihnen umzugehen.

Maria wird von der Mutter im Arm gehalten und sanft gedrückt. Maria erfährt Zärtlichkeit und Zuneigung über Nähe und Berührung.

Körperkontakt vermittelt Geborgenheit, Sympathie und Sicherheit. Über selbständige Bewegung lernt das Kind, sich von seiner Mutter zu entfernen und Vertrauen aufzubauen. Es erfährt Bewegungsfreude und Befriedigung über den Bewegungserfolg: „Schau mal, wie ich auf einem Bein hüpfen kann!"

Körperliche Stabilität und Gleichgewichtsvermögen können dem Kind zu emotionaler Stabilität und Ausgewogenheit verhelfen. Beweglichkeit zeigt Flexibilität und

Spontaneität. Körperbeherrschung und Behutsamkeit vermitteln Selbstbeherrschung. Das Kind entwirft sein Selbstbild auch über Körperwahrnehmung und Bewegungserfahrung.

Die kindlichen Gefühle bewerten Erlebnisse und bestimmen die nächsten Handlungen. Das Kind lernt, seine Gefühle über Bewegung auszudrücken. „E-motion" bedeutet „aus sich heraus-gehen", innere Bewegung in äußere umzusetzen. Das Kind kann sich austoben und Dampf ablassen. Es kann sich unter der Bettdecke schmollend verstecken. Es läuft davon und will gefangen werden.

Gefühle haben Ursprung und Sinn. Bewegung hilft sie auszudrücken, zu verstehen, einzuordnen und damit umzugehen.

Sandra streckt ihre Arme der Mutter entgegen. Damit drückt sie aus: „Ich brauche dich. Nimm mich hoch und beschütze mich."

Gefühle schwimmen in wechselnden Flüssen.
Sie kommen und gehen.
Sie verändern und beeinflussen.
Ich kann sie nicht unterdrücken, ohne zu erfrieren.
Ich kann mich ihnen nicht völlig hingeben, ohne zu ertrinken.

BEWEGUNG VERBINDET

Alle Menschen befinden sich in einem sozialen Raum, d. h. in Beziehung, Austausch und Auseinandersetzung mit anderen Menschen. Dieser Kontakt benötigt immer den Körper als Vermittler. Wir können uns nur über unseren Körper bemerkbar machen, verhalten und ausdrücken. Wir erleben dies daran, dass erste Kontakte auch von Erwachsenen oft

Soziales Lernen über Bewegung ist unverfänglich, spielerisch und direkt.

über gemeinsame Erlebnisse, körperliche Arbeit, Spielsituationen oder bewegende Begegnungen geknüpft werden. Doch schon der Säugling „tritt" aktiv in Kontakt zu den Eltern. Er strampelt vor Freude mit Armen und Beinen, schaut sie an, erlebt über Körperkontakt Zärtlichkeit und versucht, seine Bedürfnisse lautstark und mit Strampeln durchzusetzen.

In den ersten Jahren lernt das Kind sich selbst, seinen Körper und seine Bewegungsmöglichkeiten kennen. Es ist sich selbst am wichtigsten, um genügend Selbstvertrauen und Sicherheit zu entwickeln. Dann kann es sich „ich" nennen. Es probiert im Bewegungsspiel Begegnungen mit anderen Kindern aus. Es versucht „Stellung" zu beziehen, sich abzugrenzen, sich zu verbünden oder sich Vorteile zu verschaffen. Es erlebt mit seinem Körper Nähe und Distanz. Es lernt seine Bewegungen an die Bewegungen oder die Ideen anderer Kinder anzupassen. Es lernt, andere Kinder zu führen und kleine Probleme gemeinsam zu lösen.

Der Ball ist beim gemeinsamen Spiel unter ein Gestrüpp gerollt. Endlich wird nach vielen vergeblichen Versuchen einzelner Kinder, ihn herauszuholen, gemeinsam ein längerer Ast herbei getragen und mit seiner Hilfe der Ball gerettet.

Später einigen sich Kinder über verschiedene Rollen und Inhalte des gemeinsamen Spiels, sprechen Regeln für Bewegungsspiele ab und sprechen vom „Wir". Die soziale Integration ist nun gelungen.

2. Kapitel

KINDHEIT HEUTE

Kinder leben in und aus der Bewegung.
Dafür brauchen sie Raum, Anregung und Muße.
Doch wie sieht der Kinderalltag heutzutage aus?

EINE VERÄNDERTE UMWELT

Schreckensmeldungen allerorten: Lehrer beklagen die Zunahme von Konzentrationsstörungen und Bewegungsunruhe in den Klassenzimmern. Ärzte bescheinigen vielen Kindern Haltungsschwächen, Übergewicht und Bewegungsauffälligkeiten. Schon in den Kindergärten wird ein Rückgang von Bewegungsfreude und Kreativität beobachtet. Untersuchungen belegen, dass Kinder noch vor 20 Jahren ein besser entwickeltes Bewegungsvermögen, bessere Koordination und mehr Ausdauer besaßen. Sie litten damals unter weniger körperlichen Beschwerden als heute.

Einige Fakten aus dem Kinderleben:

- Ein Kind sollte sich bis zu sechs Stunden täglich bewegen. Dabei bewegt sich ein Kind heutzutage durchschnittlich nur noch zwei Stunden am Tag.
- Jedes dritte Schulkind klagt über regelmäßige Kopf- und Rückenschmerzen.
- 50–65% aller Kinder haben Haltungsschäden, 30–40% Koordinationsschwächen, über 30% Übergewicht, 20–25% Herz-, Kreislauf- und Ausdauerschwächen. (Vgl. Dordel, 1993)

Gesellschaftliche Veränderungen zeigen ihre Wirkung

Wir wissen, dass alle Bereiche der kindlichen Entwicklung durch Bewegung ausprobiert und geübt werden (siehe Kapitel 1). Bewegung ist also unerlässlich für die kindliche Entwicklung.

Doch vieles hat sich in Gesellschaft, Familie und Umwelt verändert. Wir können uns kaum mehr vorstellen, ohne die meisten modernen Errungenschaften zu leben. Doch einige dieser Lebensumstände können der kindlichen

Entwicklung Probleme bereiten. Eingeengte Bewegungsräume, Passivität, gesteigerter Medienkonsum, Reizüberflutung und Stress führen zu Bewegungsmangel und dadurch auch zu Entwicklungsverzögerungen.

Gehen wir kurz auf die wichtigsten Schlagworte ein und betrachten, wie sich die veränderten Verhältnisse auf das Leben unserer Kinder auswirken.

WER SICH BEWEGT, LEBT VERKEHRT?

Unsere Gesellschaft wird bequemer. Es ist angenehm, sich verwöhnen zu lassen. Aber es vermindert die Anlässe, sich zu bewegen. Kinder benutzen Bus, U-Bahn oder das elterliche Auto, um möglichst schnell und sicher in die Schule zu kommen. Die Wege zwischen den Wohnungen von Spielgefährten werden länger. Die Schauplätze der Freizeit sind in der Stadt als Inseln verstreut: Mittagsbetreuung, Jugendtreff, Sportverein und Kino. Kaum vorstellbar, dass ein Kind eine längere Strecke zu Fuß geht oder mit dem Fahrrad fährt. Es wird von Ort zu Ort gefahren. Die Wege werden ihm abgenommen. Wege werden zu lästigen organisatorischen Notwendigkeiten. Das Kind merkt, dass die Ziele wichtiger als die Wege genommen werden. Das spontane Draußen-Spielen und Erkunden der Umwelt ist für viele Kinder unmöglich. Das Kind findet nicht mehr unter Abenteuern und „Risiko“ seinen Weg. Es kann nicht mehr langsam seinen Aktionsradius erweitern und die Umgebung durch Erfahrung in Besitz nehmen. Details werden übersehen. Größere Zusammenhänge werden nicht erkannt. Ziel und Ergebnis vor Augen verhindern, nur aus Freude und zwecklos zu spielen. Eigengestaltung, Eigeninitiative, Fantasie, Kreativität, freie Zeit – statt gestalteter Freizeit – und Frei-, Bewegungs- und Spielräume verschwinden. Dies aber sind wichtige Voraus-

Ziele ersetzen Wege.

setzungen für Selbstbewusstsein, Lebensfreude und innovatives Denken.

KEIN PLATZ FÜR KINDER?

Autos und Konsumwelten besetzen kindliche Erfahrungs- und Bewegungsräume.

In der Stadt werden die Lebensräume besonders verplant und beengt. Autos, Konsum und Hektik bestimmen das Stadtbild. Die Städte wachsen, der Verkehr nimmt zu. Das Leben wird für Kinder in den von Autos überfüllten Straßen gefährlicher. Neue Straßen, Parkplätze und Parkhäuser sind wichtiger als Spielplätze, Spielstraßen, durchgehende Fahrradwege oder breite Gehsteige.

Es fehlen genügend Spielräume, die leicht und vor allem selbständig von Kindern erreicht werden können. Grünanlagen, die zum Bewegen, zum Ausprobieren und Toben einladen, sind eine Seltenheit. Oft trifft man noch auf das Schild: Betreten der Grünfläche verboten! Seen, Flüsse oder Bäche werden zur Verschönerung des Stadtbilds und nicht für das Kinderspiel angelegt.

Spielplätze: Orte der Kreativität?

Keinem Kind machen angelegte, unveränderbare Spielplätze auf Dauer Spaß.

Natürlich gibt es in Städten auch Spielplätze. Doch wie sehen sie aus? Sie sind perfekt ausgestattet, mit Karussell, Wipppferdchen, Schaukeln und Rutschbahnen. Außen herum stehen die Bänke für Eltern und andere Aufsichtspersonen. Das Kind benutzt die vorgegebenen Aufbauten in der vorgegebenen Bewegungsweise. Solange, bis es langweilig wird. Es kann nichts an den Aufbauten verändern. Es sind keine Materialien zum Bauen und Konstruieren zu finden.

Rückzug ins Haus?

Kinder halten sich deshalb immer öfter im Haus als draußen im Freien auf. Doch auch die Wohnräume sind selten für das kindliche Bewegungsbedürfnis geeignet. Sie sind zweckmäßig eingerichtet, mit möglichst kleinen Kinderzimmern, schmalen Küchen und engen Gängen. Also muss das Kind seinen Bewegungsdrang einschränken. Es ersetzt Bewegungsspiele durch action in Fernsehen oder Computer.

Moderne Kinderzimmer sind klein, überfüllt mit Spielsachen – und langweilig.

Gleichzeitig sind die Kinderzimmer überfüllt mit Spielsachen. Für jede Spielmöglichkeit gibt ein spezielles Spielzeug. Schon für Kleinkinder werden pädagogisch wertvolle Spielsachen hergestellt. Nur, die Kinder spielen nicht damit. Denn all diese Spielsachen ermöglichen meist nur eine Spielhandlung. Kein Wunder, dass sie bald langweilig werden. Das Kind kann damit keine anderen Spiele ausprobieren, keine neue Ideen erfinden und sie nicht anders als vorgesehen einsetzen. Sie können nicht mal als Hexe, mal als treues Schaf oder lustige Zauberfee eingesetzt werden. Diese Materialien bringen keine Bewegung ins Spiel, reißen das Kind nicht mit sich, regen es nicht zu neuen Ideen an.

FERNSEHEN – SINNVOLLE FREIZEITBESCHÄFTIGUNG?

Als Spitzenreiter der kindlichen Freizeitgestaltung behaupten sich weiterhin Fernsehen, Video- und Computerspiele. Viele Kinder verbringen wesentlich mehr Zeit vor dem Fernseher als im freien Spiel oder bei anderen Bewegungsaktivitäten.

80% der Kinder und Jugendlichen schauen täglich Fernsehen, 20% spielen täglich längere Zeit Video- und Computerspiele. Schon die drei- bis fünfjährigen Kinder schauen im Durchschnitt täglich 80 Minuten fern, die 8- bis 13-Jährigen im Durchschnitt beinahe zwei Stunden täglich, bis zu über unvorstellbaren 50 Stunden in der Woche. (Vgl. Kleine, W. 1997)

Zu viel Fernsehen bringt Kinder um eigene Erlebnisse und körperliche Aktivität.

Fernsehen und Computer zwingen zu Passivität. Das Kind muss ruhig sitzen, zuschauen, zuhören und höchstens einige Knöpfchen drücken. Die Augen ermüden, weil sie immer auf das gleiche Objekt gerichtet sind. Alle anderen Sinnessysteme werden nicht benötigt. Die Gehirnwellen werden nachweislich langsamer. Die wahrgenommenen Bilder verlangen keine Bewegungsreaktion, kein Nachdenken, kein Beantworten von Fragen. Die Umgebung gerät in Vergessenheit. Mitmenschen werden nicht mehr beachtet. Diese Medien verführen zu Erfahrungen aus zweiter Hand. Die Realität wird von faszinierenden, schillernden, fiktiven Helden und Geschichten verdeckt. Eigene Erlebnisse sind nicht so spannend. Bequemlichkeit und Versagensängste erschweren das Bemühen um eigene Lebendigkeit. Wer kann an einem tristen regnerischen Nachmittag schon so toll sein wie der Held im Computerspiel?

Doch nicht nur die eigene Fantasiewelt und die Kreativität stumpfen dabei ab. Zu hoher Medienkonsum zeigt auch direkte körperliche Auswirkungen: Bewegungsmangel und fehlende Aktivität vergrößern die Verletzungs- und Unfallgefahr des Kindes. Sie führen zu Übergewicht, zu Haltungsschäden, zu geringer Ausdauer und erhöhten Gesundheitsrisiken.

DIE GEFAHR DER REIZÜBERFLUTUNG

Alle bekannten Entwicklungspädagogen und -psychologen betonen die außerordentlich wichtige Bedeutung ausreichender Reize in der Umgebung des Kindes. Sie sollen die Sinnes- und Bewegungssyteme aktivieren. Doch damit ist nicht die Reizüberflutung unserer Informationsgesellschaft gemeint.

Die vielfältigen, farbenprächtigen und vor allem auffälligen Reize in den Medien und der Werbung bedeuten eine ständige Überforderung des Kindes. Spielfilme und Musikvideoclips werden ständig rasanter, mit schnell wechselnden Bildern und aneinander gereihten Aktionen und Höhepunkten. Überfüllte Kaufcenter, verschachtelte Ladenpassagen und weite Fußgängerzonen mit blinkenden Leuchtreklametafeln, animierender Musikberieselung und Werbesprüchen regen die eigenen Sinne nicht an, sondern stumpfen sie ab.

Zu viele Reize regen die Sinne nicht mehr an, sondern stumpfen ab. Die innere Erlebnisfähigkeit geht verloren.

Das Kind wird von mannigfaltigen Reizen umgeben, die es nicht mehr alle aufnehmen, einordnen und verdauen kann. Es schaltet deshalb innerlich ab. Es verlernt so, auf Kleinigkeiten zu reagieren. Es findet keine Ruheplätze und Nischen für Besinnlichkeit. Es gibt keine Stille mehr. Die passive Überforderung braucht ein Ventil und äußert sich bei vielen Kindern in Zappeligkeit, das heißt in zielloser, unproduktiver Bewegung. Allzu oft werden Kinder dann als „auffällig“ abgestempelt.

OHNE FLEISS KEIN PREIS?

Körperliche Betätigung unterliegt auch bei Kindern immer häufiger einem Leistungsanspruch, statt gespielt wird trainiert.

Dieser Leistungsanspruch, der in unserer Gesellschaft beinahe alle Bereiche des Lebens umfasst, gilt zunehmend auch für das Bewegungsverhalten. Viele Kinder bewegen sich nicht mehr, weil sie Freude, Neugier und Interesse an der Betätigung haben, sondern weil sie ein vorgegebenes Ziel erreichen, eine besondere Leistung vollbringen wollen. Sie entwickeln ihre körperlichen Fähigkeiten nicht im spontanen, vielfältigen, freien Spiel, sondern sie „treiben einen Sport“. Und in dieser Sportart wollen sie es zu etwas bringen. Doch das Spielerische, das Ausprobieren verschiedenster körperlicher Aktivitäten spielt eine immer kleiner werdende Rolle.

Und wie sieht es mit den Trendsportarten aus?

Natürlich bieten diese Sportarten älteren Kindern Bewegung. Das ist gut. Doch Skateboardfahren, Inlineskates und Snowboard usw. verlangen eine spezialisierte, hohe Geschicklichkeit. Sie bieten wenig allgemeine und grundlegende Bewegungserfahrungen. Daher sollten sie nicht zur einzigen körperlichen Betätigung von Kindern und Jugendlichen werden.

KINDER BRAUCHEN RAUM ZUR ENTFALTUNG!

Einseitige Spezialisierung kann keine allgemeine Bewegungserfahrung ersetzen.

Ordnung erleichtert oftmals den Alltag. Die Entwicklung eines Kindes benötigt aber auch Zeit und genügend Raum, um sich zu entfalten. Sie benötigt Material und die Umgebung, Neues zu erforschen und auszuprobieren. Alle Sinneskanäle und Bewegungsbereiche wollen sich ständig spielerisch und ungezwungen erleben, verfeinern und Erkenntnisse gewinnen. Sie wollen das Unbekannte bekannt machen und einordnen, um die gewonnenen Erkenntnisse jederzeit wieder abrufen und verwenden zu können. Dazu muss das Kind selbsttätig in der Auseinandersetzung mit der Umgebung Ordnung schaffen. Für ein Kind sind herumliegende oder anscheinend nutzlose Dinge nützlich.

Zu viel Ordnung in einer anregungsarmen Umwelt verhindert die Vielfalt der Sinneseindrücke und Bewegungserfahrungen der Kinder.

Anton findet hinter der Garage einen alten Autoreifen. Er sucht ein Seil, um den Reifen hinter sich her zu ziehen. Dann findet er einen alten Tennisball, den er im Autoreifen rollen lässt.

Kinder lieben Bewegung, das Spielen im Freien, ohne Rücksicht auf Wetter und schmutzige Kleidung.

Die Mutter ruft Max nach: „Pass auf, dass du nicht schon wieder deine Kleider dreckig machst.“ Max nickt. Er klettert auf den Baumstamm, der auf dem Boden liegt und rutscht darüber. Erst jetzt merkt er, wie glitschig und nass die Rinde ist. Wie die sich anfühlt! Es ist schwer, das Gleichgewicht zu halten. Max drückt seine Beine an den Baumstamm. Klar, macht er sich dabei schmutzig!

Kinder brauchen Schlamm, Pfützen, Laubhaufen zum Fühlen, Hügel und kleine Mulden zum Rennen, Bretter, Holz und Schnüre zum Bauen, Sträucher und Röhren zum Verstecken. Spielplätze und Pausenhöfe sind aufgeräumt und übersichtlich angelegt. Wie kann ein Kind Gefahren einschätzen lernen, wenn es keine kleinen Gefahren mehr gibt? Übersichtliche Einförmigkeit ermüdet. Wohldosierte Abwechslung dagegen belebt, weil die kindlichen Sinne Neues wahrnehmen und Bewegungen ständig neu angepasst werden müssen. Das Kind liebt diese Herausforderung und schult dabei alle seine Fähigkeiten.

Beim Erforschen von Unbekanntem sind alle Sinne hellwach.

Lasst Kindern ihre Kindheit!

Ein Kind soll heute optimal erzogen werden. Viele Eltern sind bemüht, ja nichts falsch zu machen. Das Kind wird oft von vielen Betreuungspersonen angeleitet. Mögliche Mängel und Defizite werden erkannt, therapiert und seine Anlagen gefördert. Doch gut gemeinte Ratschläge der vielen Fachleute verunsichern manchmal auch die Eltern.

Dabei verliert ein Kind auch den unbefangenen Spielraum, den es braucht. Sollte es nicht einfach ohne Beobachtung und Verbesserung spielen dürfen? Wo bleibt seine Eigenverantwortung? Was erfährt ein Kind, wenn es ständig angeleitet, gefördert, therapiert wird? Es vermisst die Botschaft: „Es ist o.k., wie du gerade bist."

Welch ein Wunder, dass es doch noch so viele gesunde Kinder gibt, denen es gelingt, sich den heutigen Lebensbedingungen anzupassen. Vielleicht sind aber die Kinder im weitesten Sinne normaler, die mit Auffälligkeiten diese Anpassung boykottieren und auf gesellschaftliche und kulturelle Missstände hinweisen.

3. Kapitel

AUFFÄLLIGE KINDER

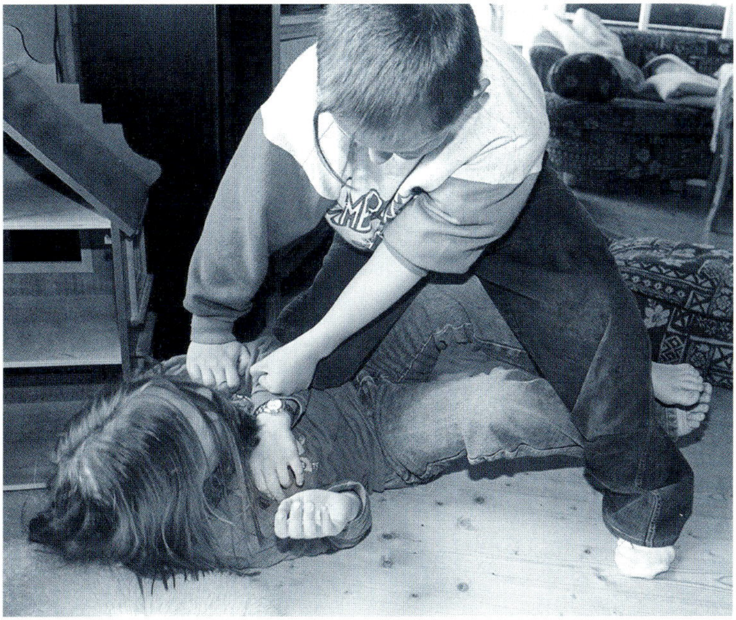

Wenn Kinder zappeln oder schlägern, wegträumen oder tollpatschig sind, liegen die Ursachen oft in Bewegungsmangel und einer gestörten Bewegungsentwicklung.

3. Kapitel

WIE ENTSTEHEN ENTWICKLUNGSAUFFÄLLIGKEITEN?

In Kapitel 1 wurde beschrieben, wie und warum Bewegung die Grundlage einer gesunden Entwicklung des Kindes ist. In Kapitel 2 haben wir gesehen, auf welche Weise die heutigen Lebensbedingungen der natürlichen Bewegungsentfaltung des Kindes entgegenstehen. Wenden wir uns nun den verschiedenen Auffälligkeiten, die Kinder in ihrem Bewegungsverhalten, ihrer Wahrnehmung und ihrem Sozialverhalten zeigen können, zu. Die Beschreibung typischer äußerer Merkmale gibt im Folgenden einen Überblick über die Vielfalt von Entwicklungsverzögerungen. Diese Beschreibung kann dabei aber nicht in genau dieser Weise auf ein einzelnes Kind übertragen werden, da es kein „typisches" Kind gibt. Kein Kind gleicht dem anderen. Ärztliche und pädagogische Diagnostik wollen das „Unnormale" in den Griff bekommen, um Patentrezepte als Behandlung anbieten zu können. Doch es ist schwer, genaue Ursachen und eindeutige Krankheitsbilder zu bestimmen, genauso wie Patentrezepte zu deren Beseitigung. Das menschliche Gehirn arbeitet komplexer, als noch vor einigen Jahren angenommen wurde. Alle Zentren sind miteinander verschaltet und können sich kurzschließen oder teilweise ersetzen. Viele Faktoren wie Vererbung, mögliche Schwangerschafts- und Geburtsprobleme, vermeintliche Hirnfunktionsstörungen, Familiensituation, Erziehung, Gesellschaft, Umwelt beeinflussen die kindliche Entwicklung. Gleiche Ursachen können immer auch verschiedene Auswirkungen nach sich ziehen.

All diesen Auffälligkeiten ist jedoch gemeinsam, dass die Bewegung in Entstehung, Erscheinungsbild oder Therapie eine wichtige Rolle spielt. Im Einzelfall können die El-

Jede umfassende Diagnostik ist nur dann sinnvoll, wenn sie hilft, Verständnis für das einzelne Kind in seiner Gesamtpersönlichkeit und speziellen Situation zu entwickeln.

tern aufgrund der folgenden Beschreibungen erkennen, ob bei ihrem Kind eine Auffälligkeit zu vermuten ist. Bei anhaltender Auffälligkeit kann dann ein/e Fachmann/Fachfrau (Kinderarzt, Psychologe usw.) aufgesucht werden, um eine genaue Diagnose zu stellen und evtl. eine Therapie einzuleiten (siehe Kapitel 9).

DAS UNGESCHICKTE KIND

Das ungeschickte Kind bewegt sich steif oder schlaff, plump oder staksig, gehemmt oder tollpatschig. Seine Bewegungen sind von unregelmäßigen Pausen unterbrochen. Es fällt oft hin, stößt sich an oder verletzt sich. Es kann nicht auf einem Bein stehen oder springen. Es kann keine kleineren Bälle fangen. Es zerbricht vieles.

Das Kind wirkt ungelenk und ungeschickt, als ob es in seinem Körper nicht zu Hause wäre.

Feinere Bewegungen wirken zäh, zittrig oder ungelenk. Das Kind benötigt die Augen zur genauen Kontrolle seiner Bewegungen. Bei Anstrengungen werden die Hände automatisch zu Fäusten geballt, der Daumen wandert nach innen, die Arme werden nach innen verdreht oder im Ellbogen gebeugt nach oben gehalten. Die Fußspitzen werden steif. In Stresssituationen bewegen sich Zunge und Gesichtsmuskulatur mit.

Ungeschickte Kinder wollen sich entweder gar nicht berühren lassen oder barfuß laufen. Oder sie wollen ständig fest gedrückt und abgerieben werden. Sie halten sich die

Ohren zu, wenn andere Kinder schreien. Sie sind in einer neuen Umgebung sehr unsicher.

Am Schreibtisch kann das Kind nicht aufrecht oder entspannt sitzen. Die Schreibsachen fallen ständig zu Boden oder werden zerknittert, die Stifthaltung ist verkrampft, die Stiftspitzen brechen ab. Linien im Heft können nicht eingehalten werden, das Schriftbild ist chaotisch. Das Kind vermeidet Malen, Basteln, Schreiben und den Umgang mit der Schere. Es verweigert den Sportunterricht und Leistungsanforderungen.

Die Bezeichnungen für diese „Störung“ sind vielfältig: MCD (Minimale cerebrale Dysfunktion), POS (frühkindlich exogenes Psychosyndrom), leichte frühkindliche Hirnschädigung, TLS (Teilleistungsstörung).

Durch diese Einordnung sollen Kinder, die irgendwelche Bewegungs- oder Wahrnehmungsprobleme besitzen, die nicht eindeutig einer bestimmten neurologischen oder muskulären Krankheit zugeteilt werden können, unter einem Fachbegriff gefasst werden. Es mag zwischen den einzelnen Kindern manche Ähnlichkeiten und Überschneidungen im Erscheinungsbild geben. Vieles ist jedoch wie bei einem Puzzlespiel individuell unterschiedlich ausgeprägt.

Allen Kindern gemeinsam ist jedoch die anscheinende (Un-) Auffälligkeit des Bewegungsverhaltens, die auch von ärztlicher Seite manchmal spät oder überhaupt nicht erkannt wird.

▶▶ In folgenden Bereichen können hierbei Probleme vorliegen:

- grobe und feine Bewegung,
- Koordination, Gleichgewicht,
- Aufnahme und Einordnung von Wahrnehmungsreizen,
- Verhalten in der Gruppe,
- schulisches Lernen.

☞ Mögliche Hilfen: Vielfältige spielerische und ungezwungene Bewegungserfahrungen und auch Akzeptanz der momentanen Ungeschicklichkeit schaffen wieder Bewegungsfreude und ermöglichen eine Weiterentwicklung der bisherigen Schwächen.

DAS BEWEGUNGSÄNGSTLICHE KIND

Wenn ein bewegungsängstliches Kind einen neuen Raum betritt, steht es lange an der Tür oder lehnt an der Wand. Es lässt seine Mutter nicht aus dem Raum gehen. Es weint, wenn andere Kinder in seine Nähe kommen. Es hält sich in der Nähe eines Erwachsenen auf. Es ist entweder schüchtern oder redet die ganze Zeit. Auf alle Fälle verweigert es wildere oder unkontrollierte Bewegungen. Es will nicht bei Gruppenspielen mitmachen. Es äußert ständig: „Ich kann nicht." Es bewegt sich gehemmt, unsicher und ungeschickt. Es braucht für jede Leistung vom Erwachsenen Lob und Anerkennung. Schon beim langsamen Schaukeln oder behutsamen Karussellfahren wird ihm schwindelig. Die Treppenstufen werden bedächtig hinabgestiegen. In der Freizeit spielt es allein oder mit kleineren Kindern, mit kleinen Materialien oder Bastelarbeiten.

Kindern, die sich nichts trauen, fehlt der innere oder äußere „Rückhalt".

▶▶ Folgende Probleme können hierbei vorliegen:
- mangelhafte Bewegungserfahrung,
- Unkenntnis über den eigenen Körper und dessen Gebrauch,
- Orientierungsprobleme,
- Überempfindlichkeit des Gleichgewichtssystems oder der Bewegungs- und Hautwahrnehmung,
- mangelhaftes Selbstvertrauen.

☞ Mögliche Hilfen: Auf alle Fälle braucht das Kind attraktive Bewegungsangebote, genügend Zeit und Sicherheit, um sie behutsam selbst ausprobieren zu können. Überredung oder Zwang zur Bewegungserfahrung verängstigen es dagegen noch mehr.

DAS BEWEGUNGSHUNGRIGE KIND

Dieses Kind verfügt über eine erfrischende Spontaneität, ist sehr spielerisch und kreativ. Es interessiert sich für alles, was um es herum passiert. Ihm entgeht nichts, es besitzt den Überblick und findet jede Kleinigkeit. Es lässt sich nichts gefallen und hat einen ausgeprägten Gerechtigkeitssinn. Es ist hilfsbereit, offen, ehrlich, fürsorglich, nicht nachtragend und durchsetzungsfähig. Es kann zupacken und auch bei anstrengender Arbeit durchhalten. Es kann sich herrlich über etwas freuen, ist sehr tier- und naturliebend und zeigt für kleinere Kinder großes Verständnis.

Und trotzdem befindet es sich oft in schwierigen Situationen, sodass Eltern, Klassenkameraden und Lehrer und es selbst darunter leiden, sich hilflos fühlen oder genervt reagieren.

Ein bewegungshungriges Kind ist in vielen Situationen leicht ablenkbar. Es hört jedes Geräusch, sieht jede Kleinigkeit und kann anscheinend Wesentliches nicht von Unwichtigem trennen. Es wechselt ständig die Beschäftigung, spielt vieles nicht zu Ende und eilt übergangslos von einer Situation in die nächste. Oft sind diese Kinder rechthaberisch und dickköpfig und können nicht lange zuhören, abwarten oder sich nicht den allgemein üblichen Regeln der Gruppe unterordnen.

In weiträumigen Bewegungen ist dieses Kind schnell, aber auch unharmonisch und überstürzt. Die Leistung beim Lösen der restlichen Aufgaben ist stark abfallend. Das Kind liebt die weiträumige und gröbere Bewegung. Es meidet Balancierübungen, Bastel- oder Handgeschicklichkeitsaufgaben. In der Schule ist es meist als Erstes mit den Aufgaben fertig, wobei es nur anfangs konzentriert gearbeitet hat. Es kippelt ständig mit dem Stuhl oder zappelt unruhig beim Sitzen oder Stehen hin und her. Es hat Schwierigkeiten, sich zu entspannen oder einzuschlafen.

Diese Kinder werden als hyperaktiv bezeichnet. Die ärztliche Diagnose lautet Hyperkinetisches Syndrom (HKS) oder Aufmerksamkeitsdefizitsyndrom (ADS); sie beruft sich auf drei Merkmale:

Hyperaktive Kinder sind ständig in Bewegung. Doch ihre Bewegungen erscheinen unkontrolliert und ziellos, verbreiten Hektik und Unruhe.

- Bewegungsunruhe,
- Impulsivität,
- Konzentrationsstörung.

Dabei müssen nicht alle drei Bereiche stark ausgeprägt sein. Im Vordergrund steht immer die Beobachtung einer mangelhaften Selbststeuerung.

▶▶ Folgende Probleme können hierbei vorliegen:

- Die Gleichgewichtswahrnehmung oder muskuläre Grundspannung ist vermindert, die Haut- und Körperwahrnehmung beeinträchtigt; Reize können nicht abgeschirmt werden *(Reizüberflutung)* oder mehrere Wahrnehmungsimpulse nicht verknüpft und verarbeitet werden *(sensorische Integrationsstörung)*. Dies zwingt das Kind, ständig in Bewegung zu sein, um sich und seinen Körper über ständige Reize wahrzunehmen. Sein Körper benötigt die meiste Aufmerksamkeit. Werden seine Bewegungsmöglichkeiten eingeschränkt, kann sich die Unruhe verstärken.
- Das Gehirn leidet an biochemischer Mangelversorgung, evtl. ausgelöst durch Stoffwechsel- oder Durchblutungsstörungen, durch allergische Reaktionen auf phosphatreiche Nahrungsmittel oder durch eine Entwicklungsverzögerung der Hirnreifung. Deshalb können vor-

schnelle Reaktionen zu wenig gehemmt und auswählende Aufmerksamkeit nur mangelhaft gesteuert werden.

- Das Kind reagiert auf Familiensituationen oder heutige Lebensbedingungen.

☞ Mögliche Hilfen: Genauso wie die Ursachen werden auch die möglichen Hilfen kontrovers diskutiert: von der Medikamentengabe oder Diät über Verhaltenstraining, Entspannungs- und Konzentrationsübungen bis hin zu Bewegungstherapie und Familienberatung. Auf alle Fälle benötigt das Kind große Bewegungsfreiräume, positive Anerkennung und klare, aber weite Grenzen.

DAS PLANLOSE KIND

Eigentlich müsste es doch eine einfache Handlung vollziehen können! Aber irgendwie ist anscheinend immer der Wurm drin. Es klappt nicht. Vor komplexeren Aufgaben resigniert dieses Kind sofort und betont, dass sie zu schwierig sind. In neuen Situationen ist es zurückhaltend, ablehnend und ängstlich. Es wirkt verwirrt und planlos. Das Kind hat An- und Ausziehprobleme und verwechselt den linken und rechten Schuh. Es kann keine Schuhe binden, keine Knoten knüpfen, keinen Tisch ordentlich decken. Es baut eher Ruinen als Gebäude. Es arrangiert geschickt, dass ihm das Konstruieren abgenommen wird. Dann kann es Bauwerke, einfache Kletterlandschaften und aufgehängte Schaukeln begeistert benutzen, auch wenn dabei etwas kaputtgeht.

Alles scheint bei diesem Kind verworren und zusammenhanglos zu sein: sein Tun, sein Denken, seine Bewegungen und sein Spiel.

Dieses Kind kann keine Pläne entwerfen. Es verwickelt und verstrickt sich immer mehr. Sein Körper kann sich schlecht den Umweltbegebenheiten anpassen und automatisch eine entsprechende Bewegungsantwort finden. Auf dem Abenteuerspielplatz kommt es nicht mehr von dem

Spielgerät herunter. Im Labyrinth findet es den Ausgang nicht mehr. Schnell tauchen Verzweiflung und Hilfsbedürftigkeit auf. Fühlt es sich dagegen auf sicherem, eingeübtem Terrain, wird es übermütig und überschätzt sich. Seine Bewegungen wirken abgehackt und sind immer wieder von Pausen unterbrochen, da sich das Kind immer wieder neu auf die Fortführung der begonnenen Bewegungsabfolge konzentrieren muss.

In der Schule tauchen Schwierigkeiten im Rechnen oder Schreiben auf. So gelingt es ihm z. B. kaum, sich die Buchstabenreihenfolge eines Wortes zu merken oder ein längeres Wortes in alle Silben zu zerlegen.

Diese Kinder werden als dyspraktische bzw. als „S.I.-Kinder" *(Kinder mit sensorischen Integrationsstörungen)* bezeichnet.

▶▶ Probleme können dabei in folgenden Bereichen bestehen:

- mangelhafte Orientierung am eigenen Körper und im Raum,
- mangelhafte Rückmeldung über den Erfolg einer Bewegung,
- mangelhaftes Zusammenspiel der Wahrnehmungssysteme oder Hirnhälften,
- fehlendes Erkennen und Behalten einzelner kleiner Handlungsschritte und ihrer sinnvollen Reihenfolge,
- fehlende Erstellung und Durchführung von Bewegungs- und Handlungsplänen.

☞ Mögliche Hilfen: Freudvolles Erleben des eigenen Körpers, grundlegende Bewegungserfahrungen und einzelne, kleine, überschaubare, aber eigenständige Handlungsschritte sowie genügend Zeit und Geduld für viele Wiederholungen führen oft zum Erfolgserlebnis. Druck und Ausschimpfen dagegen machen das Kind noch verworrener.

DAS HALTUNGSAUFFÄLLIGE KIND

Es fällt dem Kind schwer, sich stabil aufzurichten.

Dieses Kind hat Mühe, sich gerade und aufrecht hinzusetzen. Es sitzt schief auf dem Stuhl oder lehnt sich mit dem Oberkörper auf den Tisch. Im Stehen sackt es fast in sich zusammen. Es „hängt eher in seinen Bändern“, als dass die Muskulatur Gelenke und Wirbelsäule aufrichtet. Sein Rücken ist gebeugt oder besitzt ein auffällig großes Hohlkreuz. Die Wirbelsäule kann auch seitlich verkrümmt sein. Sein Brustkorb verliert an Beweglichkeit. Das Kind steht an die Wand gelehnt oder belastet im Stehen nur ein Bein. Es hat X- oder O-Beine. Seine Bewegungen wirken schlaff und ungelenk. Es hat Senk- oder Plattfüße. Es läuft alle Schuhe in kürzester Zeit an einer Seite der Sohle ab. Es geht schlurfend, die Hände in den Hosentaschen, und hebt kaum die Füße vom Boden. Es hat keine Lust, sich viel zu bewegen. Der Sportunterricht ist ihm zu wild oder zu anstrengend. Es will lieber schlafen, Bücher lesen, fernsehen. Schon nach kurzer Belastung ist es erschöpft. Haltungsauffällige Kinder klagen oftmals über Muskel- oder Gliederschmerzen, ihre Füße schmerzen. Sie wirken nervös, energie- und appetitlos.

▶▶ Bei diesem Kind können folgende Probleme bestehen:

- eine schwache Muskulatur,
- eine verkrümmte Wirbelsäule,
- abgesunkene Fußgewölbe,
- ein kaum belastbares Herz- und Kreislaufsystem,
- eine flache Atmung,
- eine gering ausgebildete Kondition und Ausdauer,
- aber auch eine niedrige Muskelgrundspannung und Koordinationsprobleme.

☞ Mögliche Hilfen: Die Förderung einer allgemeinen Bewegungsfreude hilft meist mehr als eine spezielle, aber ungeliebte Haltungsschulung.

DAS SPRACHAUFFÄLLIGE KIND

Dieses Kind weiß, was es sagen will, aber kann es nicht ausdrücken. Die Sprache geht irgendwo auf dem Weg vom Ohr durch das Gehirn bis zum Mund verloren. Das Kind erzählt wenig. Es verwendet nur kurze Sätze, immer die gleichen Worte oder weiterhin eine kleinkindhafte Symbolsprache (z. B. wauwau für Hund). Das Kind hat in der Schule Schwierigkeiten beim Lesenlernen und bei der Rechtschreibung.

Die jeweilige Sprachauffälligkeit lässt sich bestimmten Bereichen zuordnen:

Einer Sprachauffälligkeit kann, neben anderen Ursachen, auch eine Bewegungsschwäche des Körpers zugrunde liegen.

- **Dyslalie:** Das Kind kann einzelne Laute nicht, kaum oder nur schwer aussprechen. Es vertauscht sie, ersetzt sie oder lässt sie einfach weg. (Bille statt Brille, Fant statt Elefant, Tefelon statt Telefon, Tatoffe statt Kartoffel.)
- **Dysgrammatismus:** Es werden Worte oder Wortteile falsch gesetzt, Sätze fehlerhaft gebildet, Satzteile ausgelassen oder der Satzbau verdreht. (Du bringen runter Bälle, Vogels sind gefliegt.)
- **Stottern:** Mangelhafter und unsteter Sprechrhythmus, Anhalten der Atmung und Verkrampfung der Muskulatur führen beim Stottern zu unwillkürlichem Wiederholen einzelner, schwieriger Konsonanten oder Vokale.
- **Mutismus:** Traumatische Erlebnisse oder Beziehungsprobleme lassen das Kind verstummen. Es stellt den sprachlichen Austausch mit anderen Menschen ein. Es fühlt sich missverstanden. Eingeschlossen in der eigenen Welt benutzt es kein Sprachrohr nach außen.

▶▶ Bei einer Sprachauffälligkeit können folgende Probleme bestehen:

- Schwerhörigkeit oder chronische Mittelohrentzündung,
- eindeutig eingeschränkte Mund- und Zungenbeweglichkeit,

- Bewegungs- oder Wahrnehmungsschwächen des ganzen Körpers, speziell des Gleichgewichtsorgans,
- verminderte Merkfähigkeit und Handlungsplanung,
- fehlende ausgebildete Seitigkeit,
- Kommunikationsprobleme,
- fehlende Spracherfahrung.

☞ Mögliche Hilfen: Zuerst sollten die Bewegungsfreude und der Austausch mit anderen Menschen im Spiel gefördert werden. Auf dieser Basis ist ein späteres gezieltes Sprachtraining erfolgreicher.

DAS LESE- UND SCHREIBAUFFÄLLIGE KIND

Dieses Kind hat Schwierigkeiten, sich einzelne Buchstabenformen zu merken. Es verwechselt ähnliche Wörter oder Buchstaben (b, d, g, p). Es lässt einzelne Buchstaben oder Wortteile aus bzw. vertauscht deren Stellung im Wort (Hasüre statt Haustüre, Melamarde statt Marmelade). Manche Kinder lesen die Buchstaben von rechts nach links. Mehrstellige Zahlen werden verwechselt (56 statt 65). Buchstaben werden spiegelverkehrt geschrieben. Oben und unten kann vertauscht werden. Die Augen springen ruckartig an den Anfang der gleichen Zeile, was ein sprunghaftes Lesen mit öfteren Wiederholungen bedeutet. Das Kind liest Fantasiewörter und erkennt seine Schreibfehler nicht. Es hält Groß- oder Kleinschreibung nicht ein. Sein Schriftbild kann auffällig sein. Das Kind benutzt manchmal die rechte und manchmal die linke Hand, bevorzugt manchmal das rechte oder linke Auge. Seine gröberen Bewegungen scheinen harmonisch. Es ist schulreif und intelligent und weder faul noch leichtsinnig. Es scheint alles zu verstehen, nur die verflixten Buchstaben bleiben ein Buch mit sieben Siegeln.

Diesem Kind fällt es schwer, in bestimmten Gehirnzentren Sprache in ein exaktes symbolhaftes Buchstabenbild und in Schrift umzuwandeln. Diese Kinder werden als Legastheniker oder LRS-Kinder (Lese-Rechtschreibschwäche) bezeichnet.

Legastheniker sind weder dumm noch faul. Sie verstehen alles, nur mit den Buchstaben will es nicht klappen.

▶▶ Folgende Probleme können bestehen:

- mangelhafte Augen-, Hals- und Kopfstabilität,
- Gleichgewichtsprobleme,
- eingeschränkte Körperwahrnehmung und -orientierung,
- mangelhafte räumliche Wahrnehmungsfähigkeit der Augen,
- nicht ausgebildete Seitigkeit oder fehlendes Zusammenspiel beider Gehirnhälften,
- erschwertes Aneinanderreihen von kleinen Handlungen zu einem sinnvollen Ablauf bzw. von einzelnen Buchstaben zu einem Wort oder Satz,
- beeinträchtigte Gedächtnisleistungen.

☞ Mögliche Hilfen: Die Wahrnehmungsprobleme verlangen nach vielseitigen Material- und Bewegungserfahrungen. Außerdem kann der ganze Körper über Bewegung und alle Wahrnehmungssysteme mithelfen, Buchstaben zu erkennen.

DAS VERHALTENSAUFFÄLLIGE KIND

Ein verhaltensauffälliges Kind gebärdet sich aggressiv, überängstlich, überangepasst, egozentrisch, hemmungslos, zwanghaft oder hysterisch. Jede Kleinigkeit bringt es aus der Fassung. Sofort ist es frustriert. Gerät es aus dem Gleichgewicht, verliert es völlig den Boden unter den Füßen. Immer ist es der Sündenbock. Jeder rempelt es absichtlich an. Dieses Kind muss sich ständig in der Auseinandersetzung mit anderen Kindern spüren. Es jagt nach Aufmerksamkeit, schreit nach Beachtung. Wenn es nicht durch Leistung Anerkennung erlangt, dann wenigstens als Klassenkaspar. Es stört ständig, so bekommt es wenigstens Zuwendung in Form von Bestrafung. Das Kind hat keinerlei Selbstvertrauen; es meint, nichts zu können und viel schlechter zu sein als alle anderen. Es versucht krampfhaft, seine Schwächen zu verbergen. Es weicht Anforderungen aus. Es erfindet Ausreden. Nirgendwo ist Halt zu finden. Verkrampft versucht das Kind, Kontrolle zu erlangen und zu bewahren.

Kinder, die stören und sich widersetzen, werden gestraft und geschimpft. Doch wird sich dadurch ihr Verhalten ändern?

Wann ist ein Verhalten „auffällig"?

Bei diesen Beschreibungen muss berücksichtigt werden, dass die Übergänge zwischen ausgeglichenem, erträglichem und auffälligem und gestörtem Verhalten fließend sind. Verhalten ist nicht nur eine im Kind liegende Eigenschaft. Auch das Umfeld des Kindes, die Einstellung des Beobachters und gesellschaftliche „Normen" beeinflussen die Bewertung. Ein bewegungsfreudiges Kind kann von ängstlichen Eltern als unerträglicher Hyperaktiver bezeichnet werden. Ein ruhigeres Kind gilt bei aktiven Eltern als zu ängstlich.

Nicht vergessen werden darf, dass auch zu ruhige Kinder auffällig sein können. Sie ziehen sich zurück und werden oft übersehen und kaum beachtet. Doch auch sie können schwer wiegende seelische Probleme haben.

▶▶ Folgende Probleme können bei verhaltensauffälligen Kindern vorliegen:

- eine schwierige Persönlichkeitsstruktur (Ich-Störung),
- mangelndes Selbstvertrauen und fehlende liebevolle Bestätigung,
- eine schwierige Gestaltung von Beziehungen und Gruppensituationen (Beziehungsstörung).

☞ Mögliche Hilfen: Dieses Kind sollte viele Bewegungsangebote bekommen und Sinneserfahrungen machen können. Denn körperliche Wahrnehmung und Bewegungserfolge stärken das Selbstwertgefühl und fördern das soziale Verhalten.

DER TEUFELSKREIS DER AUFFÄLLIGKEIT

Allen diesen „auffälligen" Kindern ist, so verschieden die Ursachen und Auswirkungen auch sein mögen, eines gemeinsam: Sie befinden sich in einem Teufelskreis, aus dem sie allein kaum mehr entkommen können. Angestoßen von irgendeiner, vielleicht nie mehr eindeutig feststellbaren Ursache, bewegen sie sich spiralförmig immer tiefer in eine destruktive Verzweiflung. Sie erhalten ständig Rückmeldungen, dass sie anders sind, dass sie schlechter sind oder dass sie Wichtiges nicht leisten können. Sie müssen sich notwendigerweise auffällig, meist störend verhalten, um fehlende positive Anerkennung zu ersetzen. Diese Verhaltensauffälligkeiten sind aber immer als Hilfeschrei, als heftiges Aufbäumen, als Mobilisierung letzter Überlebenskräfte zu verstehen. Sie entstehen nicht aus heiterem Himmel. Sie haben immer einen Grund. Kein Kind macht sich das Leben absichtlich schwer. Alle Kinder wollen eigentlich angenehm, wohlig, lustvoll und mit ausreichend Zuneigung leben, als Voraussetzung, sich und ihr Leben entfalten zu können.

In der Abbildung auf Seite 54 können wir erkennen, dass die Bewegungs- und Handlungsfähigkeit sowie die Wahrnehmung vom eigenen Körper, die wesentlich in und über die Bewegung erfolgt, ganz am Anfang der individuellen Selbstwahrnehmung stehen. Dies bedeutet, dass das

Kind, wenn es in diesem Bereich Mängel und Frustration erlebt, kein ausreichendes Selbstwertgefühl aufbauen und sich in seinem Körper nicht sicher und geborgen fühlen kann. Verletzlichkeit und Unsicherheit sind die Folge. Werden solche Defizite noch nach außen sichtbar und für die Mitmenschen erkennbar, wie Ungeschicklichkeit oder Haltungsschäden, wird das Kind doppelt angreifbar. Verhaltensauffälligkeiten sind dann als Folge ständiger Negativerlebnisse vorprogrammiert.

Die Abwärtsspirale, in der viele auffällige Kinder gefangen sind, muss unbedingt durchbrochen werden.

Das innerlich unsichere Kind wird rechthaberisch und eigensinnig, um verzweifelt etwas Ordnung und Sicherheit zu schaffen. Es ist empfindlich und muss sofort emotional überreagieren. Die Frustrationstoleranz sinkt. Jede Kleinigkeit bringt das Kartenhaus zum Einstürzen. Sehr zum Unverständnis der Umgebung, die sich gezwungen sieht, selbstverständlich auf diese anscheinenden Störungen und

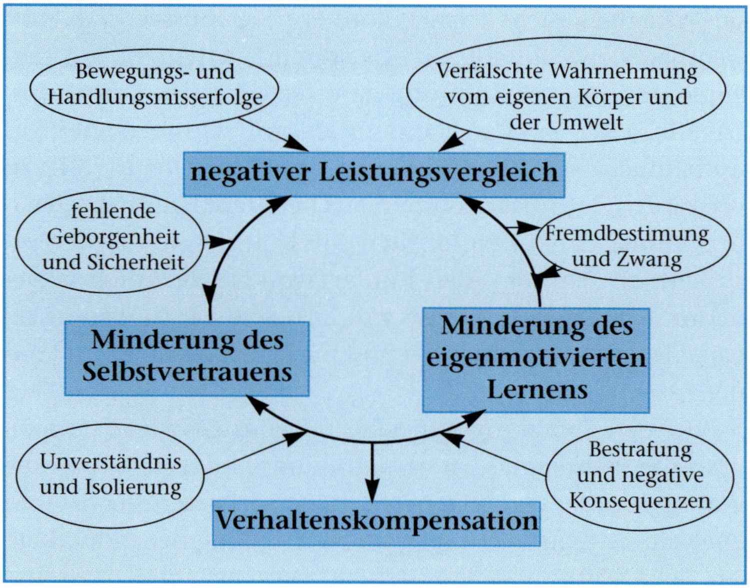

Provokationen mit entsprechenden Regeln, Konsequenzen und Bestrafungen zu antworten. Das Kind wird isoliert. Es wird noch labiler, noch massiver und deutlicher in seinen Signalen. Bis es schließlich resigniert, sich zurückzieht und nicht mehr auffällt. Oder bis es endlich in seiner persönlichen Zwangssituation verstanden wird.

Labilität und Verunsicherung führen zur Auffälligkeit.

DER AUSWEG: BEWEGUNG UND BEZIEHUNG

Wie kann nun aber dieser Teufelskreis der Abwärtsbewegung durchbrochen werden? An erster Stelle steht das Verständnis. Die Eltern müssen die Zusammenhänge zwischen der Auffälligkeit ihres Kindes und den bedingenden Faktoren erkennen.

Von den vielfältigen Ursachen haben wir eingangs schon gesprochen. An vererbten Anlagen, an Temperament und bestimmten Eigenheiten ihres Kindes können die Eltern wenig ändern. Doch auch etwaige Defizite müssen nicht zu schweren Problemen führen, wenn sie rechtzeitig erkannt werden. Dann können die Weichen für die Entwicklung des Kindes richtig gestellt werden. Und an den Lebensbedingungen ihres Kindes, die, wie wir in Kapitel 2 gesehen haben, heutzutage oftmals wenig entwicklungsfördernd sind, können alle Eltern einiges ändern. Und sei es nur durch einen regelmäßigen abendlichen gemeinsamen Spaziergang, Wochenendausflüge mit dem Fahrrad, feste Schwimmbadbesuche oder eine bewegungsfreundliche Wohnung. Mehr dazu finden Sie in den folgenden Kapiteln.

Betrachten wir nun noch die wichtigsten Faktoren für eine positive Entwicklung (nicht nur) auffälliger Kinder:

- **Bewegung** hilft dem Kind, körperliche Schwächen auszugleichen, fehlende Entwicklungsbausteine nachzuholen

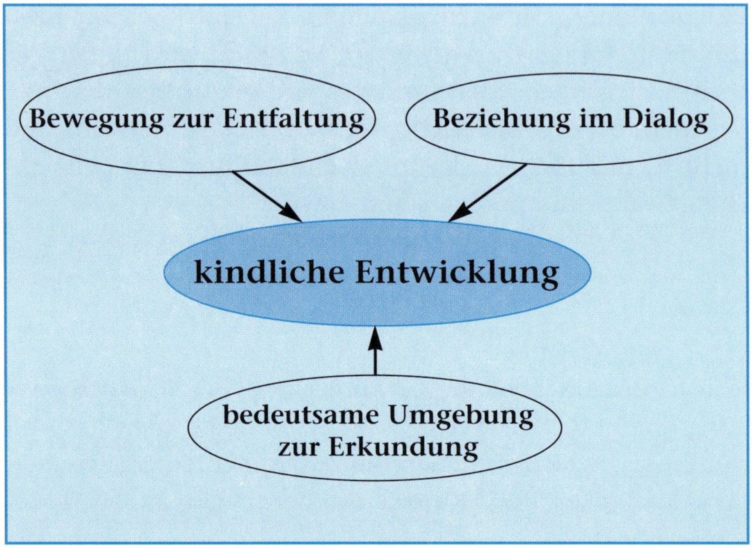

und Neues in allen Lebensbereichen zu lernen. Bewegung ist kindgemäß, spielerisch, direkt, unverfälscht, konkret, unverfänglich, spontan, wertfrei, ehrlich, motivierend und sinnvoll.

- **Beziehung** nimmt das Kind ernst, berücksichtigt seine Bedürfnisse, bestätigt sein Selbstbewusstsein, gibt Sicherheit im Austausch, stärkt sein Selbstvertrauen, begleitet seine Eigeninitiative und zeigt Grenzen auf.
- **Bedeutsame Umgebung** ermöglicht Begreifen von Material, Ausprobieren von Problemlösungen, Verändern und Erfinden neuer Situationen – aus eigenem Antrieb.

4. Kapitel

BEWEGUNG ZU HAUSE UND IN DER FREIZEIT

Auf vielerlei Weise können die Eltern ihrem Kind im täglichen Miteinander Spaß an Bewegung, an Körper- und Sinneserfahrungen vermitteln.

EINE AKTIVE FAMILIE

Das Zuhause: ein Ort der Geborgenheit, Muße, Bewegungsfreude und Anerkennung.

Einen Großteil seiner Kindheit verbringt das Kind zu Hause. Da in den ersten Lebensjahren die meisten Nervenverbindungen im Gehirn durch konkrete Erfahrungen gebahnt werden, braucht das Kind in dieser Zeit genügend Reize der Umwelt für die Ausbildung von Wahrnehmung und Bewegung. Bei zu wenig ansprechenden Reizen versäumt es das Kind, genügend praktische Erfahrungen zu sammeln, um sich altersgemäß entwickeln zu können. Eindrucksvolles Beispiel ist Kaspar Hauser. Bei zu vielen Reizen wird das Kind überfordert, sodass es sich vor dem Überangebot verschließen muss, um nicht mit Stress und Verwirrung zu reagieren.

In unserer Gesellschaft besteht ein Überangebot an vorgefertigten Spielsachen. Doch es fehlen vielen Kindern Spielmaterialien, die ihre Fantasie und Kreativität wecken und sich vielfältig einsetzen lassen. Es mangelt an kindlichem Bewegungsraum, Zeit und Muße. Hier sind die Eltern gefordert. Sie müssen als Vorbilder darauf achten, dass das Kind genügend Bewegungsmöglichkeiten erhält. Sie sollten Zeit und Geduld für Bewegungsspiele aufbringen. Und sie sollten dem Kind Selbstvertrauen und Anerkennung vermitteln. Dann wird das Zuhause für das Kind ein Ort der Geborgenheit, an dem es sich in Ruhe in seinen körperlichen und geistigen Fähigkeiten entfalten kann.

SINNES- UND BEWEGUNGS-ERFAHRUNGEN FÜR KLEIN UND GROSS

Schon während der Schwangerschaft vermittelt die Aktivität der Mutter dem Embryo notwendige Wahrnehmungsreize. Von Geburt an sind dann die Sinne des Babys aufnahmebereit. Berührungen und Bewegungen wirken beruhigend und geben dem Neugeborenen Sicherheit. Damit wird auch der Dialog zwischen Eltern und Kind, der mit unterschiedlichen Kommunikationsmitteln lange Zeit aufrecht gehalten wird, aufgenommen. Dieser Dialog beginnt mit Blickkontakt und Hautkontakt. Er beinhaltet ungetrübte Aufmerksamkeit und sanfte Berührung.

Der Dialog ist Ausdruck und Spiegel einer lebendigen Beziehung.

Diese Sinneserfahrungen, über die das Baby Kontakt zu seiner Umwelt aufnimmt, bleiben aber auch für ältere Kinder ebenso wie für Erwachsene unverzichtbar und sollten immer wieder aufs Neue erlebt werden.

Berührungen und Massage

Die Berührung eines Säuglings sollte großflächig, klar, fest und langsam sein. Der Säugling erhält eindeutige Reize über die Haut und genügend Zeit, um sie wahrzunehmen und unterscheiden zu lernen.

Die Mutter streichelt Hanna oft. Sie reibt Hanna sanft mit Öl ein. Sie lässt ihre Hand für einige Zeit auf Hannas Bauch oder Rücken ruhig liegen. Dabei summt sie Lieder oder schaut Hanna an, bis diese den Blickkontakt aufnimmt.

Dieser Dialog hilft nicht nur, die emotionale Verbindung herzustellen und intensiv zu erleben. Er lässt den Säugling seinen Körper über die Berührung erfahren. Das Baby lernt, die Berührungen zu unterscheiden. Es verfolgt innerlich den Weg der Berührungen seinen Körper entlang. Es spürt den ruhigen Druck der auf ihm liegenden Hand und erlebt die Umrisse und Größe der Hand.

Hanna liegt nun auf dem Bauch ihres Vaters. Sie lauscht den Atemzügen und spürt seine regelmäßigen Bauchbewegungen.

Eine Massage ist eine wunderbare Erfahrung für das Kind.

Auch später genießt das Kind, sich an den Erwachsenen anschmiegen zu können. Es wird gern im Arm gehalten, berührt oder mit Öl eingerieben. Daraus kann sich eine richtige Massage entwickeln.

Der Körper von Felix wird sanft von der Körpermitte nach außen ausgestrichen, am Rücken und am Bauch, Arme und Beine entlang. Hände und Finger, Füße und Zehen verdienen genauso wie das Gesicht und die Kopfhaut besondere Beachtung und Behutsamkeit. Felix entspannt sich und wird ruhig.

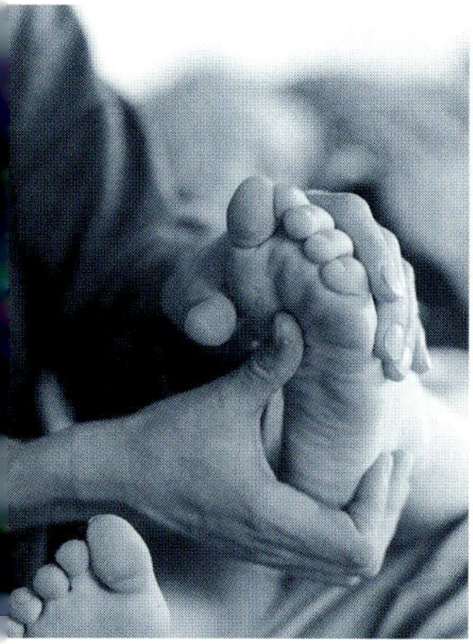

Wichtig ist hierbei, dass nicht das schnelle Wechseln der Handgriffe und die perfekte Massagetechnik im Vordergrund stehen, sondern das lustvolle Genießen des Kindes und die Kommunikation über die Berührung zwischen Kind und Erwachsenen. Es macht Spaß, neue Griffe zu erfinden. Dabei sollen nicht nur der Rücken und Arme oder Beine verwöhnt werden. Auch die Füße oder der sensible Kopf werden gern berührt. Verschiedene Berührungsmöglichkeiten lassen sich als Symbole mit kleinen Geschichten kombinieren, denen das Kind aufmerksam folgt. Oft wird es dieselbe Geschichte in dieser Weise wiederholt erleben wollen. Das Kind soll nur solange ruhig liegen bleiben, wie es selbst will. Durch Zwang werden Entspannung und Genuss eher verhindert.

Getragenwerden

Der Säugling wird oft auf dem Arm gehalten und in der Wohnung oder im Freien herumgetragen. Die Haltung wird öfter gewechselt. Mal wird er auf den linken Arm und Ellbogen gelegt, dann wieder mit beiden Händen hochgehalten. Sein Körper spürt die verschiedenen Stellungen und die Schwerkraft und richtet sich danach aus. Dabei wird er ver-

Der kleine Vogel

Es ist ganz ruhig.
Im Nest (das Kind mit den Armen umgeben) liegt ein Ei.
Sachte wiegt der Baumwipfel hin und her.
Was wächst im Ei und wird immer größer? Langsam wird es im Ei zu eng (das Kind drücken). Was pickt nun an die Eierschale (mit dem Finger an den Körper des Kindes klopfen)? Wer drückt jetzt die Eierschalen beiseite (großflächig abreiben)? Ein kleiner Vogel, ganz zerzaust (schnell reiben und durch Haare fahren), kommt hervor. Er schaut langsam in alle Richtungen (den Körper des Kindes hin und her rollen). Er putzt sich sein Gefieder (lange ordnende Striche mit der ganzen Hand). Er putzt die Backen, den Schnabel, die Nase und die Augen (behutsame Striche im Gesicht).
Da – ein Regenwurm wird verschluckt (kleine ringelnde Striche vom Hals bis zum Bauch), und noch einer ... und ein kleines Käferchen (kreisförmige Striche vom Hals bis zum Bauch) und ein großes Blatt (Handfläche auflegen und verschieben) ...
Weil der kleine Vogel so viel isst, wird er größer und größer. Er streckt seine Beine, breitet seine Flügel aus (Beine und Arme ausstreichen) und hebt sich in die Lüfte (kurz anheben). Der Wind begrüßt den Vogel (spiralige Striche), die Sonne begrüßt mit ihren heißen Strahlen den Vogel (einzelne gerade, schnelle Striche), der Regen begrüßt mit seinen Tropfen den Vogel (mit allen Fingern schnell klopfen), das Gewitter kommt auch vorbei (heftig bewegen) ...
Der Vogel wird müde und verkriecht sich wieder im Nest (das Kind eng festhalten). Der Baumwipfel schaukelt es in den Schlaf.

suchen, seinen Kopf kurze Zeit senkrecht zu halten. Der Säugling kann im Tragetuch eng auf den Bauch oder später auf den Rücken des Erwachsenen geschnallt werden und dabei die Geborgenheit der elterlichen Körperwärme und die enge Verbundenheit genießen. Er erlebt auch die einzelnen Bewegungen des Erwachsenen und wird dabei selbst bewegt, geschüttelt und berührt. Erst wenn er schon sitzen kann, kann er in einem Tragesitz auf den Rücken genommen werden. Größere Kinder können über die Schulter als Mehlsack transportiert werden. Auch später will das Kind auf dem Rücken oder, noch höher hinauf, auf den Schultern reiten. Solange es sich unsicher fühlt, verlangt es nach der sicheren Stütze durch die festhaltenden Arme des Erwachsenen. Es will sich anklammern können und die verschiedenen, behutsamen oder wilderen Bewegungen seines „Pferdes" vertrauensvoll genießen. Das macht den Reiz des Abenteuers aus.

Das Kind empfindet Geborgenheit, spürt den erwachsenen Körper, findet gleichzeitig Halt und Bewegung.

Schaukelbewegungen

Schaukelbewegungen stimulieren das Gleichgewichtssystem, regulieren dadurch Muskelspannkraft und ordnen die Wahrnehmungsreize. Sie wecken Bewegungsfreude und schaffen kleine Nervenkitzel.

Der Säugling wird sanft geschaukelt, dann wieder schwungvoller im Kreis gedreht. Er wird auf und ab bewegt. Bei diesen Bewegungen muss der Kopf eines Säuglings solange gehalten werden, bis er ihn selbst kontrollieren kann. Das Kind wird bald nach stärkeren Schwüngen oder Würfen verlangen. Es wird hochgeworfen und wieder aufgefangen. Das ältere Kind (mit stabilen Schultergelenken) erlebt diesen Nervenkitzel, wenn es vom Erwachsenen an beiden Oberarmen oder Händen gefasst und im Kreis gedreht wird. Genauso nützlich sind der gute alte Stubenwagen, das Kin-

Schaukeln beschwingt oder beruhigt.

derbett auf Rädern und die Wiege. Für draußen ist ein gut federnder Kinderwagen geeignet. Damit wird der Säugling behutsam zur Beruhigung oder zum Einschlafen hin und her gewiegt, zum Aufwachen und Animieren dagegen betont ruckartig, mit Beschleunigen, Abbremsen oder Richtungswechsel.

Schaukeln kann man auf vielerlei Weise. Seien Sie erfinderisch!

Das kleinere Kind kann schon bald in einer Hängematte liegen. Wenn das Kind selbständig sitzen kann, kann es auf einer Schaukel sitzend hin und her bewegt werden. Das Kind bestimmt aber Schwung und Ende der Schaukelbewegungen selbst, wenn es angeschoben wird.

Schaukeln gibt es in allen Varianten. Im Haus eignen sich schmalere oder breitere Holzbretter (ca. 10 cm x 50 cm bis zu 100 cm x 100 cm). Auf breiteren, mehrfach verleimten Schaukelbrettern kann das Kind auf dem Bauch oder Rücken liegen. Ein Autoreifen kann waagrecht als Schaukelsitz verwendet werden, ein aufgeblasener LKW-Schlauch wird senkrecht aufgehängt. Aufgehängte Plastiktonnen oder

Die Wohnung lädt kleine Kinder täglich zu einer spannenden Entdeckungsreise ein.

stabile Stoffe bieten während des Schaukelns zusätzlich Höhlenatmosphäre. Eine Zugfeder (Expander) versetzt die Schaukel zusätzlich in Auf- und Abwärtsbewegungen.

Raum für Bewegung

Schon frühzeitig wird dem Säugling viel Raum und Zeit für eigenständige Bewegungsmöglichkeiten geboten, damit er nach Lust und Laune Bewegungen zufällig produzieren, sie erproben und ständig wiederholen kann. Dazu eignen sich Teppichboden, Teppiche oder auf den Boden gelegte Felle und Decken. Haftende Unterlagen gewähren eine stabile Basis, um Eigenbewegungen wie Strampeln, Drehen, Krabbeln, Aufrichten und Gehen zu üben. Rutschende Unterlagen (Decken und Stoffe) lassen Schlitterbewegungen über den glatten Fußboden zu. Auf dem Boden liegende Kissen fordern zum Werfen oder Schieben auf. Die Kissen als Hindernisse wollen durch Drehen, Rollen oder Klettern überwunden werden. Sie bieten ideale Verstecke. Das Kind lernt, seine verschiedenen Bewegungsmuster den verschiedenen Bodenverhältnissen (rutschig, glatt, weich, uneben) anzupassen. Später werden der Bewegungsradius des Kindes und seine Bewegungsmöglichkeiten größer. Es wird auf dem Sofa springen wollen, sich in Decken einwickeln und unter Tischen Höhlen gestalten. Auch Stühle sind ein optimales Klettergerät.

Alltagsmaterialien sind verlockend.

Heinz will auf Stühle selbst hochklettern. Er stellt sich auf die Sitzfläche, ohne sich mit den Händen an der Lehne festzuhalten. Er versucht sogar, auf einem Bein zu stehen – in dieser Höhe beängstigend. Er schiebt alle Stühle zu einer Reihe nebeneinander, um von Stuhl zu Stuhl zu balancieren. Er krabbelt im Höhlengang unter den Stühlen hindurch. Er baut mit den Stühlen ein Auto oder einen langen Zug. Stoffe und Decken helfen, das

Outfit zu verschönern. Seine ältere Schwester Hermine kann schon mit jedem Arm einen Stuhl hochheben. Mit den älteren Stühlen darf sie auch manchmal einen Turm aus Stühlen aufeinander schichten. Heinz versucht, einen Luftballon unter dem Stuhl hindurch zu stoßen. Auf der Terrasse spielen Heinz und Hermine mit den Stühlen und einem Softball Tennis.

Kinder vergrößern ihren Bewegungsradius nach und nach, um immer neue Welten zu erobern. Sie entdecken dabei so viel attraktive Spielmaterialien, die nur meist gar nicht zum Spielen für Kinder gedacht waren. Der Alltag hält oft interessantere Gegenstände bereit, die Kinder untersuchen und zum Spiel vereinnahmen wollen, als die „pädagogisch wertvollen" und speziell für Kinder von Erwachsenen erdachten Spielmaterialien. So wird das Wohnzimmer zum zeitweiligen Spiel- und Bewegungsraum.

Treppen stellen für Kleinkinder eine Unfallgefahr, aber auch ein wichtiges Geschicklichkeitstraining dar.

Kinder sind auch von Treppen fasziniert. Schließlich wollen Hindernisse jeglicher Art überwunden werden. Unermüdlich üben sie, Treppenstufen hoch zu krabbeln, hinunter zu rutschen und schließlich hoch zu steigen – an niedrigen Treppen auch allein.

Greifen

Greif- oder stoßbare Spielsachen von unterschiedlicher Größe, Farbe, Material und Beschaffenheit liegen in der Nähe des Säuglings. Er kann bei Bedarf danach greifen, das Spielzeug mit beiden Händen halten oder zum Mund führen. Einige Materialien können Geräusche produzieren: die Plastikente, die bei Druck quietscht; der Ball, der beim Rollen klingelt; die Rassel, die geschüttelt werden kann.

Über das Ertasten und Befühlen der Gegenstände entdeckt das Baby seine Umgebung und wird zu neuen Bewegungen des Erkundens animiert.

Es werden unzählige Spielsachen für Kinder jeder Altersstufe angeboten. Viele lassen sich nur für eine Funktion verwenden. Am besten sind allerdings die Materialien geeignet, die nicht nur für eine erwünschte Funktion gedacht sind, sondern die vom Kind mit all seinen Sinnen und seinem ganzen Körper erforscht und im Spiel variabel benutzt werden können. Denn ein Baby und Kleinkind ergreift das Material und untersucht es. Es unterwirft den Gegenstand verschiedenen Experimenten und Versuchsvorgängen. Reizvolle Gegenstände leiten die Bewegungen des Babys ein und verführen es, den Raum zu entdecken. Dadurch werden höhere Anforderungen an die Bewegungszentren gestellt, die neue Bewegungen hervorbringen. Es sollten aber nie zu viele verschiedene Gegenstände die Aufmerksamkeit des Kindes locken. Denn es benötigt Zeit für gründliche Untersuchungen mit Händen, Mund und Bewegungen. Erst später wird das Kleinkind mehrere Materialien kombiniert im Spiel verwenden. Auch dabei sollte es die Freiheit haben, nach seinen eigenen Vorstellungen vorzugehen.

Die Entwicklung eines Babys kann durch „Training" nicht beschleunigt werden. Im Gegenteil: Dadurch können Probleme verursacht werden.

Brauchen Babys „Entwicklungshilfe"?

Jeder Schritt der rasanten Entwicklung eines Säuglings wird genau beobachtet. Es ist faszinierend, neue Bewegungen und Handlungen zu begleiten und später dem Kleinkind bei seinen Neuentdeckungen zur Seite zur stehen. Manchmal erscheint es verführerisch, diese Entwicklung mehr als nötig zu unterstützen: „Ob es schon allein sitzen kann?" – „Vielleicht kann ich ihm Laufen beibringen?"

Nicht nur Ärzte raten eindrücklich von solch gut gemeinter Erziehung und „Entwicklungshilfe" ab. Es ist fatal, wenn Säuglinge mit ungenügend ausgebildeter Rückenmuskulatur sitzen müssen. Es entstehen falsche Belastungen der Wirbelsäule. Ein Säugling soll erst dann sitzen, wenn er seine Kopfhaltung kontrollieren und eine aufrechte Oberkörperhaltung selbst stabilisieren kann. Erst dann kann ein Kinderhochstuhl, ein Tragesitz oder ein Autositz benutzt werden. Ähnliches gilt für das Krabbeln, das Aufstehen und die ersten Gehversuche.

> *Zu frühes Üben von Bewegungen oder Positionen führt zu Schädigungen. Es verhindert die Entwicklung des Kindes, anstatt sie zu fördern. Jedes Kind wird neue Bewegungen zu der für es optimalen Zeit selbständig entwickeln.*

DAS KINDERZIMMER

In vielen Wohnungen herrscht Platzmangel. Kinderzimmer sind meistens klein – zu klein. Da können sie auch nicht durch neue oder spezielle Kindermöbel zum Paradies für Kinder werden. Kinder brauchen genügend Raum für Bewegung. Kinder brauchen Materialien, die zum Toben, Bewegen, Bauen und kreativen Gestalten benutzt werden können. Das geht nicht auf wenigen Quadratmetern. Doch durch eine fantasievolle, kreative Einrichtung lässt sich einiges erreichen.

Vielfältige Bewegungsangebote lassen sich im Kinderzimmer einfach integrieren.

Auf Matratzen kann gehopst werden. Die Matratzen können als Hindernis überklettert werden. Fred kippt auf dem wackeligen Matratzenturm, Frieder liegt als Würstchen zwischen zwei Matratzen. Fred hält vor sich eine Matratze hochkant und lässt sich damit nach vorne fallen. Beide Kinder bauen mit aufgestellten Matratzen einen Tunnel.

Auf Matratzen kann man nachts schlafen und tagsüber spielen.

Sehr geeignet sind dreiteilige Sprungfedermatratzen, da sie variabel sind. Sie gestalten, unterteilen oder begrenzen

Räume. Sie sind schnell beiseite geräumt. Sie sind vielseitig für Spiele einsetzbar, eignen sich zur Stimulation wichtiger Wahrnehmungssysteme und für Grundbewegungsmuster, wie Klettern, Fallen, Springen, Balancieren, Tragen. Und sie sind bei Kindern sehr beliebt.

Für größere Kinder entstehen unter Hochbetten Kuschelecken und Höhlen. Über Hänge- oder Holzleiter, über ein dickes Tau oder einen gewagten Sprung vom Trimmpolin wird das Bett erreicht. Eventuell kann über ein schräg eingehängtes Brett wieder auf den Boden gerutscht werden. Kräftige Kinder können sich die Rutsche hochziehen.

Hochbetten schaffen Platz für Spielflächen.

Wichtiger als Bilder sind Haken in der Wand, um eine Hängematte aufzuspannen. Sie sollte sich nicht weit vom Boden entfernt befinden. An einem zwischen den Wänden aufgespannten Seil lässt sich ein Stoff als kurzfristiger Raumteiler oder als Theater aufhängen. Das Kind kann daran aber auch Kleidungsstücke aufhängen. Oder einen Eimer, eine

Blechscheibe oder ein Netz, wenn es mit kleinen Softbällen werfen will.

Heute schon gehopst?

Ein Trimmpolin lädt in einer Zimmerecke zum Springen ein. Das Kind benutzt es für kurze Zeit, um sich abzureagieren, wenn es frustriert ist, von vielen Hausaufgaben erschöpft oder vom Sitzen belastet.

Kinder benutzen selten Schreibtisch und Stuhl, höchstens Drehstühle, die ähnliche Erfahrungen wie ein Karussell zulassen. Tische können zu einer Höhle zum Verstecken oder zu Bergen und Aussichtsplatz umfunktioniert werden. Kleinere Kinder spielen am liebsten auf dem Boden. Sie wollen nicht still und eingeengt aufrecht sitzen. Sie brauchen die Bewegungsfreiheit, ständig ihre Position und Haltung verändern zu können. Nicht, weil sie unruhig und zappelig sind, sondern weil ihr Körper neue Informationen sammelt und zu starke einseitige Belastungen durch Abwechslung vermeidet. Dies kann besonders bei der Beschäftigung mit feineren oder schwierigeren Bau- oder Bastelspielen beobachtet werden. Auch die Blickrichtung auf das Spielzeug wird gewechselt. Die Erfahrung will alle Seiten zu einem Gesamtbild zusammenfügen.

Tische und Stühle sind zum Spielen, nicht zum Sitzen da.

In den ersten Schuljahren wird das Kind die Hausaufgaben lieber am Esstisch in der Nähe der Eltern oder im Liegen auf dem Bauch auf dem Teppich machen. Ein breites Brett oder eine stabile Schreibunterlage ersetzen den Schreibtisch, ein Kissen unter dem liegenden Körper oder ein Sitzball den Stuhl.

DER GARTEN

Falls im Garten genügend Platz vorhanden ist, sollte ein Teil speziell für das Kind bzw. die Kinder gestaltet werden. An einem großen Baumast kann eine Schaukel aufgehängt werden. Auch Schaukelgestelle sind einfach aufzubauen. Ein längeres Vierkantholz kann über ein kurzes Halbrundholz als Wippe gelegt werden. Längere und kürzere Hölzer, aufgepumpte Autoschläuche und Kisten bieten ständig veränderbare Konstruktionsmöglichkeiten an (siehe auch Bewegungsbaustelle, Kapitel 5). In einer Gartenecke kann von dem Kind ein kleines Holzhäuschen oder auf einem Baum ein Baumhaus gebaut werden (evtl. mit Hilfe der Erwachsenen). Gerne wird ein geeigneter Baum als Kletterbaum genutzt. Zwischen zwei Bäumen können mit Seilen Überstiege und Hängebrücken hergestellt werden. Ein flacher Gartenteich kann vom Kind für Wasser- und Schlammspiele genutzt werden, falls eine robuste Folie und keine kostbaren Teichpflanzen vorhanden sind. Der bekannte Sandkasten erhält neue Möglichkeiten, wenn eine Wasserhandpumpe in der Nähe steht. Es werden auch Wannen als Reservoir für Wasser aus Regenrinnen akzeptiert. Aus Sand und Wasser entsteht Schlamm, der auf Kinder eine unwiderstehliche Faszination ausübt.

Auch in einem gepflegten Garten brauchen Kinder eine „wilde" Ecke, die ihnen gehört.

Wenn es warm ist, kann sich das Kind ausziehen und barfuß laufen. Die Hautwahrnehmung unterstützt die Bewegungs- und Umwelterfahrung. Ein gewisser Teil des Gartens sollte dem Kind für Spiel und Gestaltung zur freien Verfügung stehen.

Natürlich wollen auch die Erwachsenen im Garten eine gepflegte Ruhezone für sich selbst. Doch auch hier kann das Kind wichtige Erfahrungen sammeln. So eignet sich der Rasen zum Ballspielen und Rennen, zum Krabbeln, Turnen und Sich-Fallenlassen. Wege aus Stein, Schotter oder Platten werden nachgelaufen oder rückwärts mit geschlossenen Augen ertastet. Die Wegbegrenzungen aus Holz werden als Balanciersteg benutzt. Das größere Kind kann seine Kräfte beim Rasenmähen oder Umgraben des Gemüsebeets einsetzen. Das Kind recht Laub zu einem Haufen zusammen und transportiert es im Schubkarren, genauso wie es das Laub gerne wieder in die Luft wirft oder sich im Laubhaufen versteckt. Die Terrasse wird mit dem Straßenbesen gefegt.

Kindern macht Arbeit Spaß – aber nur, wenn der Zeitaufwand überschaubar ist und die Arbeit spielerisch getätigt werden kann. Garageneinfahrten sollten basketball- und rollschuhtauglich sein. Über der Garage ist vielleicht der geeignete Platz für den Basketballkorb, zwischen zwei Bäumen entsteht ein symbolisches Fußballtor.

Auch der erwachsenengerechte Garten birgt viele Erfahrungsmöglichkeiten für Kinder.

DIE WOHNUMGEBUNG

Der Säugling erforscht seinen eigenen Körper, das Kleinkind den Wohnraum und das Vorschulkind die nähere Wohngegend. Die Entdeckung des Raums verläuft von der eigenen Person ausgehend in die Weite der Umgebung. Diese schrittweise Erweiterung des Aktionsradius geht einher mit der Erweiterung der Bewegungsfähigkeiten. Sie bedingen und beeinflussen sich gegenseitig. Das Kind benötigt die Anreize der Umgebung, um neue Bewegungsmöglichkeiten von sich aus zu entwickeln.

Für Vorschulkinder ist die Erforschung der Wohngegend ein aufregendes Abenteuer.

Das Kleinkind wird auf Spaziergänge im Buggy mitgenommen. Es besucht mit seinen Eltern befreundete Nachbarn in der gleichen Straße. Es begleitet auf seinem Dreirad die Mutter zum nächsten Briefkasten. Die Eltern suchen mit ihrem Kind die geeigneten Gehsteige, Radwege oder freien Spielräume in der näheren Umgebung auf.

So lernt das Kind tatsächlich die Wege und Verbindungen zu den Zielorten kennen, nicht nur die einzelnen Inseln. Auch die Erwachsenen entdecken dabei von Neuem mit den Augen und den Bewegungen ihres Kindes die Wege in eine „unbekannte“ Welt.

4. Kapitel

Welcher Weg führt zurück zu unserer Wohnung? Wer weiß noch den Weg zur nächsten Ampel? Wo wohnt deine Freundin? Mach mal die Augen zu. Ich führe dich. Riechst du, ob wir beim Bäckerladen oder der Metzgerei vorbeigehen? Wie viele Schritte sind es bis zur nächsten Straße?

Fahrzeuge erfahren

Das Vorschulkind wird selbständig in der näheren Nachbarschaft Spielkameraden finden. Gemeinsam werden sie Bewegungs- und Spielräume in Besitz nehmen. Der Traktor zum Anschieben und das Dreirad aus dem Kleinkindalter werden in die Ecke gestellt, Roller- und Radfahren werden noch vor dem Schulalter gelernt.

Selbständig Radfahren lernen ist toll.

Emine schiebt stolz ihren neuen Roller auf dem Hof im Kreis herum.

Erich kann schon mit einem Bein wackelig auf dem Rollerbrett stehen und sich mit kurzen Schüben mit dem anderen Bein mühsam anstoßen. Esther schiebt sich mit einigen Beinstößen an, stellt beide Beine auf das Rollerbrett und lässt sich eine größere Strecke genussvoll entlangrollen. Bald wird sie Rad fahren lernen wollen.

Emil sitzt auf seinem kleinen neuen Fahrrad. Der Sattel ist so tief, dass er im Sitzen mit beiden Füßen den Boden sicher berühren kann. So läuft er auf dem Sattel sitzend allein mit seinem Fahrrad behutsam kurze Strecken. Immer wieder macht er eine Pause. Elisabeth sitzt auf dem Sattel ihres Fahrrads und stößt sich schon mit beiden Beinen gleichzeitig ab. Bald kann sie nach einem kräftigen Anstoß für längere Zeit die Füße vom Boden lösen. Je länger das Fahrrad rollt, desto besser kann sie das Gleichgewicht von Fahrrad und Körper halten.

Eugen hat gestern zum ersten Mal die Füße auf die Pedale gestellt und ist allein losgefahren.

Das Kind benötigt Eigenerfahrung und Selbsttätigkeit, um sich an die Umwelt anzupassen und die speziellen Eigenschaften vom Material (hier das Fahrrad) zu erfahren. Nur so kann es neue Bewegungsmuster finden und anwenden (hier auf dem Fahrrad das Gleichgewicht halten). Wenn das Fahrrad vom Vater oder von Stützrädern gehalten wird, kann das Kind das nötige Gleichgewicht nicht selbst erfahren und herstellen.

Selbständiges Lernen macht sicherer.

In der Schulzeit wird das Gleiten auf Skateboard und Inlineskates entdeckt. Der erfahrbare Raum erweitert sich bis zum Schulhof, zur Fußgängerzone oder zum nächsten Jugendtreffpunkt. Im Winter wird das bisherige Schlitten- und Bobfahren gegen Ski- und Snowboardfahren eingetauscht.

DIE NATUR

Immer häufiger wird das Haus zum ausschließlichen Lebensraum des Menschen, die Umwelt tritt zurück. Dieser Trend beschränkt die Bewegungsfreiräume und die konkrete Erlebnisvielfalt unter freiem Himmel. Das Verblüffende an der äußeren Umgebung ist ihre ausgewogene Vielfalt. Auch wenn sie sich infolge der Umweltverschmutzung, dem Städte- und Straßenbau nicht mehr in einwandfreien Zustand befindet.

In der Natur lässt sich die gemeinsame Zeit mit den Kindern am besten als Abenteuer und Spiel erleben.

Es lohnt sich, mit den Kindern die Natur wieder zu entdecken. Sei es der Park inmitten der Stadt, der breitere Grünstreifen am nahe gelegenen Fluss, das Naherholungsgebiet am Stadtrand oder der Urlaub auf dem Bauernhof. Nichts ist für Kinder langweiliger, als mit Erwachsenen zwei Stunden lang auf einem geraden Weg spazieren zu gehen. Vor allem, wenn sich die Erwachsenen noch angeregt miteinander unterhalten. Doch schon zwei Schritte abseits des Weges können Stöckchen entdeckt, Steine gesammelt und verglichen werden. Geheime Wege durch Büsche führen zu neuen Län-

dern. Verstecke müssen aus Angst vor bedrohlichen Rittern gefunden werden. Um den großen Laubhaufen kann man Ringelreihen spielen oder ihn auseinanderwirbeln. Man kann rennen und stehen bleiben, fangen und verstecken spielen. Besonders spannend ist es, mit geschlossenen Augen durch den Wald geführt zu werden, Eicheln und Kastanien zu befühlen, Blätter zu erkennen, Bäume zu umarmen oder gemeinsam zu umzingeln. Man kann über Baumstämme balancieren und in Pfützen springen oder das niedrige Bachbett barfuß entlanglaufen. Kleine steile Hügel können ohne Weg erklommen werden. Auf Baumästen kann man wippen und dabei den dicksten, höchsten Baumriesen entdecken. Es macht Spaß, Steinchen in den Bach zu werfen, auf der Brücke zu stehen und kleine Zweige oder Blätter hineinzuwerfen – und sie auf der anderen Brückenseite wieder auftauchen zu sehen.

Kinder sollten jeden Tag mindestens zwei Stunden an die frische Luft.

Es gibt kein schlechtes Wetter!

Jedes Wetter hat seinen besonderen Reiz für bestimmte Wahrnehmungen, Bewegungen und Spiele. Wichtig ist nur die richtige Kleidung für jedes Wetter.

Regentropfen klatschen auf die glänzende Straße oder die herausgestreckte Zunge. Pfützen fordern zum Überspringen oder Hineinstampfen auf. Schlamm und Matsch fühlen sich eklig oder klitschig an, ein Vorteil für Rutsch-, Gleichgewichts- oder Abdruck-Spiele (Schuhabdrücke). Die Sonne lockt mit Wärme, Licht und Farbenpracht. Man kann sich leichter anziehen, die Haut kommt zum Vorschein. Der Schnee verspricht Schlittenfahrten, Schneemannbauen und Schneeballschlachten. Die frostige Kälte schafft Glatteis für Schlitterbahnen, behutsames Gehen auf dem Gehsteig, Schlittschuhlaufen und Hockeyspiele am zugefrorenen Weiher. Es entstehen Eiszapfen zum Abbrechen oder Lutschen. Löcher können in zugefrorene Bäche oder Pfützen geschlagen werden. Eiszapfen und kristallene Zweige werden abgebrochen und untersucht. Wind treibt Blätter und Eimer über die Straße, rüttelt an Fensterläden, fährt stürmisch durchs Haar, zerrt an dem Mantel oder der Mütze, lässt Segelboote schwimmen und Drachen in die Lüfte steigen.

GEMEINSAME BEWEGUNGSZEIT

Kinder brauchen nicht nur viel Zeit und Raum für Bewegungsentfaltung, sie drücken sich auch über ihre Bewegungsspiele aus. Sie verständigen sich über ihre Körpererfahrungen und gemeinsame Erlebnisse mit den Eltern. Bei Säuglingen und Kleinkindern ist von Seiten der Eltern meist noch viel Zeit, Interesse und Aufmerksamkeit für gemeinsames Erleben vorhanden. Eltern greifen im gemeinsamen Bewegungsspiel die Bewegungen und Gesten des Babys auf

Gemeinsame Bewegungen sind gemeinsame Erlebnisse.

und wiederholen sie. Sie bestärken das Kind in seinem Tun. Sie treten in einen direkten Dialog zum Kind, der über Bewegung und nicht über Sprache geführt wird.

Doch schon im Vorschulalter ist die gemeinsame bewegte Freizeitgestaltung der Eltern mit ihren Kindern meist massiv reduziert. So erleben nur 27 % der Eltern wöchentlich eine Stunde gemeinsame Bewegung mit ihren Kindern. (Vgl. Kleine, W. 1997)

Doch es ist bedauerlich, wenn dieser nicht nur gesundheitsfördernde Bereich in Vergessenheit gerät bzw. aus Zeit- oder Raummangel zu kurz kommt. Denn gemeinsames Erleben auf körperlicher Ebene schafft Nähe, Vertrauen und Verständnis.

Großräumige Bewegungserlebnisse

Ein Kind liebt es, mit Erwachsenen zu toben, zu raufen, spielerisch seine Kräfte zu messen und dadurch die Stärke der Erwachsenen, den Halt und die feste Umarmung zu spüren. Es will davonlaufen und eingefangen werden. Es will sich verstecken und möglichst schnell gefunden werden. Es will Bewegungskunststücke erfinden und sie den Erwachsenen zeigen.

Karl und Klara bauen mit Schachteln Türme und werfen sie wieder um. Sie klettern in große Kartons hinein, verstecken sich, die Eltern bewegen sie behutsam mit den Kartons. Sie bauen die Kartons als Tunnel aneinander und kriechen hindurch. Sie krabbeln oder gehen behutsam im übergestülpten Karton. Sie benutzen die Kartons mit aufgeschnittenen Türen und Fenstern als Haus.

Das größere Kind genießt gemeinsam mit den Eltern abwechslungsreiche Fahrradausflüge, Bootsfahrten, Inlineskaten durch die Stadt, Abenteuer am Spielplatz und Klettertouren am Kletterturm.

Wasserspiele

Es bieten sich gemeinsame Schwimmbad- oder Badeseebesuche an. Auch Schwimmenlernen soll Spaß machen und nicht durch zu frühes oder zu ungeduldiges Lehren der Schwimmbewegungen verleidet werden. Wasser ist für Kinder zum Spielen da und nicht zum ausdauernden und stilvollen Bahnenschwimmen.

▶▶ **Spielideen im Wasser:**

- Bälle unter Wasser drücken, auf ihnen sitzen oder liegen,
- Autoschläuche als Boote benutzen, in sie hineinspringen, auf ihnen im Stehen balancieren oder durch sie hindurchtauchen,
- durch abgeschnittene Gartenschläuche blasen, Wasser spritzen oder unter Wasser telefonieren,
- Spritzschlachten mit löchrigen Papierkörben und kleinen Gießkannen,
- fangen spielen – gefangene Kinder werden durch Tauchen durch die gegrätschten Beine befreit,
- sich gegenseitig wie ein Baby in den Armen tragen und behutsam auf dem Wasser bewegen.

Wichtig: Angst vor dem Wasser wird durch Spaß und Spiel, nicht durch Überreden oder Zwang abgebaut.

Quatsch-Gymnastik

Regelmäßiger kurzer Morgensport oder Abendgymnastik im Wohnzimmer oder im Freien kann der ganzen Familie Spaß machen. Dazu gehört nicht nur gemeinsames Jogging. Es genügen zehn Minuten lockere Bewegung. Hauptziel sind die gemeinsame Bewegungsfreude, das Aufwärmen, Dehnen und Strecken des Körpers sowie das Erproben von neuen Kunststücken. Doch Achtung: Jeglicher Leistungsgedanke von uns Erwachsenen wird die gemeinsame Bewegungszeit schnell verleiden.

Denken Sie daran: Stures Üben ist langweilig und für Kinder meist nutzlos.

Das macht Spaß:

- Kinder erfinden eigene Gymnastikübungen.
- Jeder Teilnehmer darf eine Übung vormachen, die von allen geturnt wird.
- Jede Bewegungszeit bekommt ein eigenes Bewegungsthema, das den äußeren Rahmen bildet und dadurch Bedeutung für die gymnastischen Übungen schafft. Das Motto „Maschinenfabrik" animiert Kinder zu eckigen mechanischen Bewegungsübungen mit vielen Wiederholungen. Die kindlichen Ohren als Knöpfe können diese Bewegungsmaschinen an- und ausschalten. Andere Themen sind z. B. Einkaufsbummel, Tiere im Zoo, Bienenstock, Fußballtraining.

Geschicklichkeit ist Trumpf!

Zeigen Sie Ihren Kindern doch mal, was Sie früher als Kind gespielt haben

Gemeinsam werden von Eltern und Kind alte Spiele wie Gummitwist, Kästchenhüpfen, Kreisel, Reifen treiben, Jonglieren mit Bällen oder Keulen, Diabolo und Jo-Jo wieder entdeckt. Genauso kann gemeinsam mit Legosteinen gebaut werden. Auf der Rückseite von alten Tapetenrollen wird mit dicken Wachsmalstiften oder Fingerfarbe gemalt. Altersgemäße Gesellschaftsspiele können gespielt oder mit vielen Materialien fantasievoll oder nach Anleitung gebastelt werden. Einfache Musikinstrumente wie Blockflöte, Trommel und Klangstäbe, aber auch das Klavier, können Kinder faszinieren und zur Übung der Handgeschicklichkeit bewegen.

Bei allen diesen Aktivitäten erwirbt das Kind allgemeine Geschicklichkeit, fein abgestimmte Bewegungsmuster und ausdauernde Handlungen.

Wir spielen Hausarbeit

Ohne großen Aufwand lassen sich kindliche Bewegungen und Handlungen in gemeinsamer alltäglicher Arbeit erleben. Das Kind erlebt dabei sinnvolle Betätigung, es lernt komplexere Handlungsmuster und empfindet Stolz, dem Erwachsenen helfen zu können. Geeignet sind alle gemeinsamen Arbeitsfelder, die Kinder freiwillig aufsuchen, oder kleine überschaubare Aufgaben, die Kinder selbständig verrichten können, z. B. Äpfel schälen, Teig kneten, Plätzchen backen, Gemüse putzen, schneiden und kochen, Staubsaugen, Teppich ausklopfen, Wäsche auswringen und aufhängen, Schuhe putzen, Tisch decken, abspülen und abtrocknen, Blumen gießen und umtopfen.

Wichtig: Kurze Zeiten und einfache Arbeiten erhalten die Freude, Zeitdruck und verlangte Genauigkeit verderben das Spiel.

ELTERN-KIND-TURNEN

Kleinkinder haben meist genügend Bewegungsraum in der Wohnung oder im Freien. Trotzdem kann es Freude bereiten und Abwechslung in den Alltag bringen, eine Krabbel- oder Kleinkindturngruppe zu besuchen. Hier wird unter fachlicher Anleitung gespielt. Die Kleinkinder werden mit verschiedenen Bewegungsaufgaben konfrontiert.

Spielerischer Sport in der Gruppe bietet Kindern neue Erfahrungsmöglichkeiten und knüpft erste Freundschaften.

Kletterlandschaft

Die dreijährige Sophie freut sich immer auf die Turnstunde. In der Halle werden verschiedene Matten, niedrige Kästen und Hocker, Langbänke als Tunnel oder Rutschen, Taue zum Balancieren angeboten. Im Freien locken Bierkästen und Bretter.

Die Kinder klettern, springen und überwinden die Hindernisse nach ihrem eigenen Können, freiwillig und ohne Anleitung. Die Übungsleiterin und die Eltern sorgen für die notwendige Sicherheit. Sie geben möglichst wenig Hilfestellung. Sophie probiert voller Begeisterung alles aus.

Rollbretter

Die Kinder werden von ihren Eltern auf dem Rollbrett durch die Halle gezogen. Die Eltern versuchen sich dabei gegenseitig zu fangen, ohne dass ihr Kind wegen zu schneller Fahrt Angst bekommt.

Dann legen die Eltern ein Kastenoberteil auf mehrere Rollbretter und ziehen einige Kinder gemeinsam in diesem Bus durch den Raum.

Anschließend spielen sie mit leichten Wasserbällen. Die Eltern stoßen die Wasserbälle davon und die Kinder laufen hinterher, um sie einzufangen. Nun verstecken die Eltern die Wasserbälle und die Kinder suchen sie. Zum Schluss legt jedes Kind einen Wasserball auf sein Rollbrett und schiebt es behutsam in ein Ziel.

In Eltern-Kind-Gruppen bewegen sich die Eltern mit ihrem Kind. Sie können Entwicklungsschritte und Verhaltensweisen anderer Kinder beobachten, Freude und Sorgen mit anderen Eltern austauschen. Dazu ist eine lockere Atmosphäre in spielerischer Umgebung hilfreich. Das Kleinkind wird andere Kinder beobachten und nachahmen. Es wird spontan für kurze Zeit mit anderen spielen.

DIE SPORTGRUPPE

Schulkinder suchen das gemeinsame Spielerlebnis in einer Gruppe. Das kindliche Interesse wächst an erweiterten Bewegungsräumen, neuen Betätigungsfeldern, anderen Gruppen und der Gemeinschaft mit Gleichaltrigen. Jetzt kann es hilfreich sein, dem Schulkind eine sportliche Betätigung im Sportverein oder einer anderen Institution zu ermöglichen. Vielerorts entstehen im Rahmen der Sportvereine oder auf privater Initiative Kindersport- oder Bewegungsspielgruppen. Hier wird versucht, spielerisch, ohne Leistungszwang

und stures Üben einzelner Bewegungsabschnitte, Kindern Freude an Bewegung und ihrem Körper zu vermitteln. Dies stellt für jüngere oder auffällige Kinder eine wichtige Brücke zu selbständigem Freizeitsport oder organisiertem Sport im Verein dar.

Kinder sollten die Möglichkeit erhalten, verschiedene Sportarten ohne Leistungsdruck auszuprobieren.

Im Sportverein sollte immer dem Kind die Wahl der Sportart nach einigen Wochen Schnupperzeit überlassen werden. Für das Üben von Körperwahrnehmung, -geschicklichkeit und -beherrschung eignen sich Judo, Karate und Trampolinspringen, für das Austoben Fußball, Schwimmen, Boxen und Krafttraining, für das Bewegen in der Natur Wandern, Kajak, Höhlenforschung und verschiedene Jugendgruppen. Klettern ermöglicht Körpererfahrung, Geschicklichkeit, Partnervertrauen und Kennenlernen der Natur und deren Gesetzmäßigkeiten. Der Umgang mit Pferden und Reiten verhilft zu Anpassungsfähigkeit an die Bewegungen des Pferdes, Körperstabilität und Geschicklichkeit bei beziehungsfördernder und verantwortungsvoller Begegnung.

Und nicht zuletzt: Sportliche Eltern können ihren Kindern die Begeisterung am Freizeitsport oder Aktivurlaub vorleben.

Lassen wir uns vom kindlichen, bewegten Spiel – dieser Lebensfreude, Energie, Sinnhaftigkeit, dem Lachen und intensiven Erleben – anstecken.

5. Kapitel

BEWEGUNG IM KINDERGARTEN

Ein großer Spielgarten, eine Tobe-Ecke, Kreisspiele und viele Spielkameraden: Der Kindergarten lädt zu neuen Aktivitäten ein.

5. Kapitel

EINE NEUE ERFAHRUNGSWELT

Auch wenn anfangs ein wenig Angst vor dem Unbekannten besteht, so freuen sich doch die meisten Kinder auf den Kindergarten. Schließlich erweitern sich damit ihre Welt und ihre Erfahrungsmöglichkeiten enorm. Matratzen und Bewegungsgeräte laden zum Toben ein, draußen lockt ein großer Garten, mit Spielkameraden kann man rennen und Fangen spielen. Auch die regelmäßige Turnstunde gehört in vielen Gruppen zum Wochenplan.

Wie wichtig grundlegende Bewegungserfahrungen im Kindergarten geworden sind, bestätigen alle Erzieherinnen. Viele Kinder leben in kleinen Wohnungen ohne Garten. Ihnen fehlen wichtige Bewegungserlebnisse, die nun im Kindergarten erstmals gemacht werden können. Oft sind Probleme schon bei Kindergartenkindern recht massiv: So beschrieben in einer Erhebung 90 % aller befragten Kindergartenleiterinnen eine massive Zunahme von Bewegungs- und Koordinationsstörungen der Kinder im Kindergarten. (Spiegel special, 12/1997)

Das Bewegungsbedürfnis von Kindergartenkindern ist sehr groß.

Auffällige Kinder werden meist erstmals im Kindergarten bemerkt. Doch ihre immer größere Anzahl erschwert den Erzieherinnen den gewohnten Tagesablauf. Sie müssen

Die Prinzipien für einen kindgerechten Kindergartenalltag lassen sich folgendermaßen zusammenfassen:

- *Raum für Bewegung*
- *Abwechslung für die Sinne*
- *Abenteuer für die Seele*
- *Einfaches zum Gestalten*
- *lieber draußen als drinnen.*

sich notwendige Veränderungen überlegen, um dem deutlich gestiegenen Bedarf an mehr kindlicher Bewegung gerecht zu werden.

Verschiedene Bereiche im Kindergarten sind direkt für körperliche Betätigung gestaltet. So gibt es Phasen der körperlichen Aktivität, Freispiel, gemeinsame Bewegungsspiele, aber auch Ruhephasen.

DER ABENTEUERSPIELPLATZ

Abenteuer – erforschen und erkunden – erleben viele Kinder nicht mehr im normalen Alltag. Ihnen müssen neue, abwechslungsreiche Sinneserlebnisse angeboten werden.

In vielen Kindergärten wird auf eine bewegende, abwechslungsreiche und kindgerechte Außenanlage geachtet. Hügel laden zum Hinaufklettern und Hinunterrutschen ein, Büsche zum Verstecken, Bäume zum Besteigen. Verschiedene Schaukeln, Rutschen, Wippen und Karussells vermitteln das Gefühl des Fliegens. Kurvige Wege schulen die Orientierung. Stege in unterschiedlicher Höhe und Hängebrücken verlocken zum Balancieren, Höhlen und Labyrinthgänge aus gepflanzter Weide zum Ausruhen. Mit unterschiedlichen Materialien gepflasterte Wege wollen erspürt werden. Sandkasten und Erdhaufen sind zum Bauen da, Laubhaufen und Schlammloch zum Wühlen und Matschen, Wasserpumpen und kleine Wasserläufe zum Planschen. Die Kinder wollen jeden Tag ein solches Erlebnisreich erobern. Nach und nach werden sie selbständig alle Winkel und Geräte erkunden. Ihre momentanen Bewegungslösungen sind ihrem augenblicklichen Entwicklungsstand angepasst. Doch sie werden neue Bewegungen erfinden. Aus den Angeboten heraus entstehen automatisch Symbolspiele, die die Kinder zum Beispiel als Tiere oder Räuber durch die Gegend streifen lassen.

So erhalten die Kinder vielfältige Angebote, die alle Sinne, aber auch Fantasie und Kreativität fördern.

Die Bewegungsbaustelle ermöglicht selbständiges Bauen, Balancieren und Schaukeln, Planen, Gestalten, Benutzen und Verändern der eigenen Bewegungsanlässe.

DIE BEWEGUNGSBAUSTELLE

Eine Bewegungsbaustelle findet sich inzwischen in vielen Kindergärten; sie initiiert das eigenständige Gestalten von Bewegungsanlässen. Idee und Durchführung beruhen im Wesentlichen auf zwei Faktoren: Erstens bauen und bewegen sich Kinder selbständig, spielerisch und lustvoll, wenn sie nicht von Erwachsenen daran gehindert werden. Zweitens benötigen sie dazu geeignetes und veränderbares Material. Dieses Material ermöglicht den Kindern auf verschiedene Art zu bauen, zu balancieren, zu rutschen und sich zu bewegen. Es kann von Kindern selbständig ohne Erwachsenenhilfe getragen und zusammengefügt werden. Als Baumaterial kommen Vierkant- und Rundhölzer, 2–3 m lange Bretter, kurze Quader- und Halbzylinderholzstücke, Autoschläuche und Holzkisten zum Einsatz. Drehscheiben werden zusammen mit Brettern zu großen Karussells. Über aneinander gereihte Langbänke oder Bretter, über Wippen oder Rampen sausen die Kinder auf Rollwagen. Turnmatten, Langbänke, Autoschläuche können mit einfachen Schaukelvorrichtungen aufgehängt werden.

In dieser Aktivität lernt das Kind, Verantwortung für seinen Aufbau, die Stabilität und Sicherheit zu übernehmen. Es plant und baut allein oder gemeinsam mit anderen Kindern. Es probiert Ideen aus, verändert, verbessert und erfindet neue Möglichkeiten. Es erfüllt sich seine eigenen Bewegungswünsche. Es reguliert Geschwindigkeit und Nervenkitzel. Es erfährt Erfolg und Misserfolg seines Bauvorhabens.

BEWEGUNGSRÄUME

Hier spielen, bewegen und lernen die Kinder selbständig innerhalb eines zur Verfügung gestellten Materialangebotes.

Bewegungsräume ermöglichen selbständiges Spielen und Lernen in reizvollen Materialaufbauten und -angeboten.

Dieses ausgewählte Material wird als Aufbau, z. B. Kletterlandschaft in der Turnhalle, oder als ein mit Material angefüllter Raum dargeboten.

Autoschläuche

Das Schlauchzimmer ist ein Raum, angefüllt mit möglichst vielen aufgepumpten Auto- und LKW-Schläuchen. Die Kinder klettern und balancieren über die Schläuche. Sie krabbeln durch Schlauchtunnels und als Regenwürmer unter den Schlauchberg. Sie stapeln hohe Türme und besteigen sie wagemutig. Sie wippen und springen auf den Schläuchen. Sie lassen sich Schlauchberghänge hinabstürzen. Sie legen sich in einem Schlauch zur Ruhe. Sie kriechen durch Tunnel aus senkrecht gestellten Schläuchen. Sie schaukeln in einem oder mehreren senkrecht aufgestellten Schläuchen. Sie werfen die Schläuche auf einen Haufen, in ein Zielgebiet oder in das feindliche Land. Sie rollen die Schläuche durch den Raum. Sie machen Purzelbäume mit dem rollenden

Schlauch. Sie springen von einer Schlauchinsel zur nächsten, ohne das gefährliche Meer (den Boden) zu berühren.

Ohne Selbsttätigkeit gibt es keine Selbständigkeit.

Andere Bewegungsräume sind ausgestattet mit vielen großen, bunten Sitzbällen, mit kleinen oder großen Schaumstoffbausteinen, mit Kugelbahnen aus Drainagerohren, mit Sprungfedermatratzen, mit verschiedenen Fahrzeugen, mit Spinnennetzen oder elastischem Gummiband, mit verschiedenen Materialien zum Berühren der Haut.

Sehr verbreitet sind auch Kletterlandschaften, die mit herkömmlichen Turn- und Sporthallenmaterialien wie Langbänken, Kästen, Barren, Seilen, Sprossenwänden, Weichbodenmatten, Reckstangen aufgebaut werden.

Bedürfnisse und Entwicklungsstand der Kinder bestimmen die Auswahl des Materialangebots oder -aufbaus. Das Material ist reizvoll, vielseitig, veränderbar und attraktiv. Die Kinder haben genügend Zeit, das Material zu entdecken und kennen zu lernen, es zu bewegen oder sich mit ihm zu bewegen, Sinneseindrücke einzuordnen und neue Bewegungsspiele zu erfinden. Der Erwachsene beobachtet aufmerksam Spiel und Verhalten der Kinder. Er ist nicht mehr Dirigent und Kontrolleur des Spielgeschehens oder der einzelnen Lernschritte. Nach einiger Zeit der Selbstverantwortung werden die unsicheren oder tollpatschigen Kinder genauso wie die unruhigen oder planlosen Kinder an Selbstvertrauen gewinnen. Sie entdecken wieder Freude am eigenen Körper, an eigenen Bewegungsmöglichkeiten und Eigeninitiative. Vernachlässigte Bewegungsbereiche oder verdeckte Bewegungsschwächen werden selbständig und spielerisch geübt und Entwicklungsrückstände aufgeholt. Die Wechsel von Toben und Entspannen, von wilden und konzentrierten Spielphasen, von Einzel-, Partner- und Gruppensituationen ergeben sich natürlich und von selbst. Selbstregulation und Selbständigkeit finden hier unauffällige, aber umso wirksamere Förderung.

BEWEGUNGSERZIEHUNG

Neben den freien Bewegungsmöglichkeiten auf dem Spielplatz oder in Bewegungsräumen ist im Kindergarten eine regelmäßige Unterrichtseinheit für Bewegungserziehung vorgesehen. Sie entspricht dem elementaren Bedürfnis jedes Kindes nach spielerischer Bewegung. Langes Erklären, Warten und direktes Übertragen von Bewegungsübungen für Erwachsene sind fehl am Platz.

Kindgemäß = spielerisch, freudvoll, zwanglos, bedürfnisorientiert

Bewegungserziehung im Kindergarten ist immer kindgemäß. Kindliche Bewegungsfreude wird durch einfache Grundformen von Bewegung und Spiel erhalten und vermehrt.

Der Erwachsene kann Spielformen anleiten und verbessern. Er kann Spielideen der Kinder aufgreifen. Er kann mitspielen oder von außen das Spielgeschehen anteilnehmend beobachten.

Bewegungsaufgaben

Hier leiten die Erzieherinnen zu genauen Aufgaben an:

Wie könnt ihr auf euren Rollbrettern durch den Raum fahren? Wer hat eine Idee, wie ihr auch zu zweit auf einem Rollbrett fahren könnt?

Schaut mal Inge und Ingo an, was denen eingefallen ist. Wer macht das genauso?

Alle Lösungen sind erlaubt.

Die Kinder probieren aus und planen eigenständig. Sie lösen die Problemstellungen selbständig. Dadurch wird ihre Denkfähigkeit geschult.

Bewegungsgeschichten

Die Einbindung von Bewegung in eine Geschichte schafft durchgehende Spannung und macht Sinn.

Rennautos

„Wer will Rennfahrer werden?“ Jedes Kind nimmt sich ein Rollbrett und fährt durch den Raum.

„Benzin wird knapp. Nur Rennautos mit zwei Rennfahrern bekommen noch Benzin. Wen wollt ihr als Co-Piloten?“ Immer zwei Kinder bewegen sich auf einem Rollbrett.

„Benzinknappheit vorbei! Jedem Rennfahrer sein eigenes Rennauto. Aber passt auf die glühende Sonne auf.“ Die Kinder können auf ihrem Rollbrett schneller dem rollenden Ball ausweichen.

„Überhaupt kein Benzin mehr da. Alle Rennautos werden auf den Zug verladen.“ Die Kinder liegen auf dem Bauch auf ihren Rollbrettern und halten sich an den Beinen des Vordermanns fest. Der Erwachsene zieht den Zug durch den Raum.

Das Freispiel

Im Freispiel darf jedes Kind selbständig angebotenes Material auswählen und allein oder innerhalb der Gruppe spielen, ausprobieren, nachahmen, ohne andere Kinder in ihrem Spiel zu stören.

Jeder bewegt sich nach seinen Bedürfnissen und Fähigkeiten.

Einige Kinder fahren mit dem Rollbrett. Andere Kinder bauen mit Schuhkartons eine Mauer. Einige Kinder sammeln in einer Ecke liegende Tennisbälle in Schuhkartons. Einige Kinder transportieren auf ihren Rollbrettern Schuhkartons. Ein Kind schüttelt einen mit Tennisbällen gefüllten Schuhkarton. Ein Kind wirft Tennisbälle nach drei aufeinander stehenden Schuhkartons.

Der Stationsbetrieb

In verschiedenen Bereichen des Raumes werden unterschiedliche Spiel- oder Übungssituationen angeboten. Die Kinder wählen die einzelnen Stationen frei oder sie durchlaufen alle Stationen hintereinander (Parcours).

Rollbrettstationen

Slalomfahren – Tennisbälle einsammeln – Linienfahren – von der Wand abstoßen – Tennisbälle transportieren.

DER KINDERGARTENALLTAG

Da Bewegung im Kindergartenalter ein starkes Grundbedürfnis aller Kinder ist, erscheint es notwendig, auch außerhalb der festgelegten Bewegungszeiten den Kindern viele Möglichkeiten für Bewegung zu gewähren.

Auch in den Gruppenräumen kann man Platz für Bewegung schaffen.

Mehr Raum für Bewegung

Die einzelnen Gruppenräume werden geräumiger, wenn auf einer Raumseite keine Möbel stehen. Gruppentisch, Stühle und Spielzeugregal besetzen nur eine Raumhälfte. Regale und Schränke werden vor den Gruppenräumen auf dem Flur aufgestellt, sodass das Material von allen Gruppen benutzt werden kann.

Bewegungserfahrungen sind im Kindergarten wichtiger als das Basteln.

Die Gruppenräume könnten themenspezifisch eingerichtet werden: ein Raum vorwiegend zum Basteln und Bauen, ein Raum für Wahrnehmungsspiele und ein Raum zum Bewegen und Austoben. Die Räume können gruppenweise getauscht werden. Stundenweise könnten alle Kinder gruppenübergreifend ihre eigene Beschäftigung, ob Basteln, Wahrnehmung oder Bewegung, wählen.

Bewegte Themen

Bewegung kann die meisten Jahres- und Wochenthemen sinnvoll begleiten. Kindergartenkinder verstehen und begreifen Zusammenhänge besser über konkrete Erfahrung und Bewegung als über reine Wissensvermittlung.

Verkehrsfahrzeuge

Hans wünscht sich einen Traktor, Heinz einen Sattelschlepper, Helmut eine Luxuslimousine, Harald eine lange Eisenbahn und Hedwig einen roten Ferrari. Mit Rollbrettern, Schachteln und Matratzen werden die Fahrzeuge konstruiert und auf Straßen entlang gefahren. Die Kinder holen Warengüter vom Bauernhof, kaufen in Läden ein und stellen erste Verkehrsschilder auf. Später zeichnen sie Fahrzeuge, Straßen, Eisenbahnen und entdecken Abbildungen davon in Büchern.

Durch Bewegung kann man vieles spielerisch verstehen.

Es werden auch Tage oder Wochen ohne Spielsachen oder Bastelarbeiten erprobt. Die Kinder erfahren dabei, dass allein mit Experimentierfreude tolle Spiele möglich sind. Genauso spielen Kinder in Waldkindergärten – bei jedem Wetter jeden Tag im Freien, mindestens zwei bis drei Stunden.

6. Kapitel

BEWEGUNG IN DER SCHULE

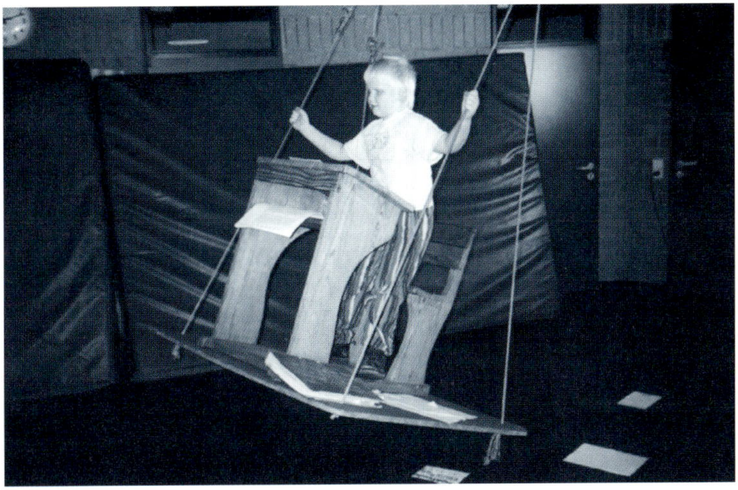

Sie wollten den Kopf,
aber es kam das ganze Kind in die Schule.
(Verfasser unbekannt)

DIE „BEWEGTE SCHULE“

Die „bewegte Schule“ – ein Modell mit Zukunft.

Die Forderungen nach mehr Bewegung und Abwechslung in der Schule sind nicht neu. Reformpädagogen wie Montessori, Freinet, Dewey u. a. propagierten schon vor Jahrzehnten, was heutzutage dringlicher als je zuvor erscheint. Viele Lehrer bemerken eine Zunahme von Haltungsschäden, Bewegungs- und Verhaltensauffälligkeiten. Nach zwei Jahren Schulzeit sind über 20 % der Kinder übergewichtig, während es bei der Einschulung nur 2 % waren. Nach zwei Jahren Schulzeit ist die Hälfte der Kinder haltungsgeschädigt und 16 % haltungsschwach. (Vgl. Breitecker, D. 1996)

Die Schüler sind unselbständig und kaum motiviert, sich am Unterricht zu beteiligen. Es wird für die Lehrer anstrengender, im gewohnten Stil die Kinder zu unterrichten.

Seit einigen Jahren bemüht sich die Initiative „Bewegte Schule“, den bedeutenden Aspekt von Gesundheitsförderung mit einfachen Mitteln in allen Schulen zu verbreiten. In allen Bereichen der Schule kann Raum und Zeit für mehr Bewegung eingeräumt werden, ohne den Unterrichtsstoff zu vernachlässigen. Schulgebäude, Schulhof und Klassenzimmer können bewegungsfreundlich gestaltet werden.

DER SPORTUNTERRICHT

Wer von Bewegung in der Schule spricht, denkt zunächst an den Sportunterricht. Lange Zeit war es auch so: Nur diese zwei Wochenstunden waren im Bereich der Schule ausdrücklich der Bewegung gewidmet. Und selbst dies nicht immer kindgerecht! Doch heute ist Sportunterricht nicht mehr spezialisierte „Leibesertüchtigung“, sondern kreative Bewegungserfahrung. Die Kinder müssen nicht mehr an Turngeräten lange anstehen oder in Wettkampfspielen frühzeitig ausscheiden. SportlehrerInnen berücksichtigen zunehmend die Erkenntnis, dass Bewegungszeit für alle Kinder wertvoll ist, auch und gerade für die sportlich nicht so leistungsfähigen.

Im Vordergrund stehen Bewegungsfreude, Teamgeist und Kreativität.

Angesichts der Tatsache, dass „60 % aller Grundschüler anscheinend nicht mehr sportfähig (sind)“ (Ludwigsburger Landesinstitut für Schulsport), wird es immer wichtiger, dass Bewegungserziehung zunächst wieder eine Basis für Geschicklichkeit und sportliche Leistungen schafft.

Sportunterricht bietet dabei die beste Gelegenheit, Kindern Selbstvertrauen, Bewegungsfreude und Kreativität zu vermitteln. In der Turnhalle ist genügend Raum. Kinder können sich hier austoben, ihren Bewegungsdrang ausleben, verloren gegangene Spielfreude und Körpererfahrung wieder entdecken und Partner bzw. Gruppen finden. Offene Bewegungssituationen und Bewegungsaufgaben geben den Kindern die Freiräume, aktiv Probleme zu lösen oder neue Ideen zu erfinden.

Attraktive Materialien wie Luftballons und Plastikplane, Bierdeckel und Wäscheklammern schaffen genauso wie Kletterlandschaften Motivation.

LEBENSRAUM SCHULE: PAUSENHOF UND SCHULGEBÄUDE

Kinder benötigen eine Pausenumgebung, die den kindlichen Bedürfnissen zur Erholung gerecht wird. Wenn Kinder nicht gelangweilt auf kasernenartigen Pausenhöfen nach Auswegen suchen, sondern neugierig die Umgebung beachten, entdecken und in Besitz nehmen können, werden laut Statistik viele Unfälle und Streitereien vermieden. Gerade weil der Platz unüberschaubar, uneben und voller Hindernisse ist. Dabei gibt es einfache Möglichkeiten zur Abhilfe:

Eine Vielfalt von Bewegungsreizen und Abwechslung der Wahrnehmungsreize verbessern die Konzentration, Erlebnisfähigkeit und das Bewegungsverhalten.

Natürliche Nischen, Hügel, Büsche und Sitzecken lockern den Pausenhof auf. Rasen, unterschiedliche Bodenbeläge und verschlungene Wege aus Kies, Platten, Kieselsteinen, Holz und Sand bringen Abwechslung. Im Schulgebäude werden an Flurwänden Materialien zum Riechen und Berühren ausgehängt, die im Werkunterricht und der Projektwoche angefertigt werden.

Die allmähliche Umgestaltung der Schule ist Sache von Schulleitung, Lehrern, Schülern und Eltern. So können die Schüler für die Gestaltung von Pausenhof und Flurwänden mitverantwortlich sein und die Eltern das Projekt tatkräftig oder durch materielle Hilfe unterstützen.

Die Pause – sich austoben und entspannen

Kinder brauchen Bewegung und haben Spaß daran. Wichtig ist, die Schulpausen zur spielerischen Bewegung mit attraktivem Material zu nutzen. Dadurch erholen sich die Kinder vom konzentrierten Denken. Gleichzeitig üben sie körperliche Geschicklichkeit. Möglichkeiten gibt es viele:

Basketballkörbe und kleine Tore z. B. locken zum Ballspielen. Eine Halfpipe oder eine kleine Rampe kann Inlineskatern dienen. Eine Balancierstange ermöglicht konzentrierte Bewegung.

Aus Spielmaterialkisten leihen sich die Kinder in jeder Pause Stelzen, Pedalos, Balancierwippe, Einräder, Softbälle, Federballschläger, Riesenmikados, Jongliermaterial und Seile aus.

An einer Querkletterwand knapp über dem Boden können die Kinder an einer Außenwand der Schule seitlich entlang klettern. Die Griffe werden im Projektunterricht selbst angefertigt oder gekauft.

Größere Schüler können in einer Ecke einen kleinen Blumen- und Gemüsegarten bearbeiten, während andere

Kinder freiwillig Stallhasen oder andere Kleintiere betreuen. Bei schlechtem Wetter können Turnhalle oder Eingangsbereich als Bewegungsraum oder Kletterlandschaft dienen. Im Treppenhaus des Schulgebäudes sorgt eine Rutsche für schnelle Reize.

BEWEGTES SITZEN

Der Halte- und Muskelapparat eines Kindes ist noch nicht vollständig ausgebildet. Ruhiges Sitzen überfordert ihn schon nach einer Unterrichtsstunde. Es entstehen Fehlbelastungen der Wirbelsäule und muskuläre Verkrampfungen. Die Bandscheiben, als Pufferzone zwischen den knöchernen Wirbeln der Wirbelsäule, verlieren an Pufferqualität.

Die bisher immer geforderte aufrechte Haltung ermöglicht zwar eine bessere Statik und Atmung – aber nur für kurze Zeit. Danach bedeutet sie für das Kind eine unnatürliche Beanspruchung bestimmter Muskelgruppen. Richtig ist vielmehr, dass Sitzpositionen ständig verändert werden müssen, um andere Gelenkstellungen und Muskelgruppen zu beanspruchen. Dazu können auch verschiedene Sitzgelegenheiten benutzt und abgewechselt werden:

Lernen benötigt Motivation, Interesse und Bewegung und nicht absolute Ruhe.

Sitzkeil, Meditationshocker (auf den Fersen sitzend), Reitersitz (schräg gestellter, schmaler Hocker), Barhocker, Liegekeil, Kniestuhl (halb kniend, halb sitzend), großes Reiskissen.

Bewegungen während des Sitzens helfen selbst dem bewegungsunruhigen Kind, sich besser zu konzentrieren. Dazu werden bewegliche Sitzgelegenheiten angeboten. In vielen Klassenzimmern findet man deshalb schon die Sitzbälle. Andere empfehlenswerte bewegliche Sitzgelegenheiten sind: Schaukelstuhl, Melkschemel, große Rolle, Stuhl zum Federn, Bürodrehstuhl.

Es erscheint ausreichend, neben normalen Stühlen einige verschiedene Sitzgelegenheiten im Klassenzimmer bereit zu stellen. Die Kinder können nach jeder Unterrichtsstunde selbständig ihre Sitzmöbel wechseln.

BEWEGTER UNTERRICHT

Nicht nur in den Pausen und im Sportunterricht sollte die Schule sinnvolle Bewegung ermöglichen. Auch der „normale“ Unterricht muss bewegt werden. Denn der Wechsel zwischen Sitzen und Stehen trainiert Rücken- und Beinmuskulatur, verbessert die Atmung, stimuliert Herz und Kreislauf. Es ist erwiesen, dass schon geringfügige Bewegung das Gehirn mit bis zu 20% mehr Sauerstoff versorgt. Dies erhöht Denkleistung und Konzentration.

Bewegung schafft körperliche und geistige Entlastung und fördert Konzentration durch Abwechslung.

Bewegungsangebote während des Unterrichts

Eine normale Schulstunde bietet vielerlei Möglichkeiten, Bewegungsangebote einzubauen, ohne den Unterrichtsfluss zu unterbrechen. Verschiedene Arbeitsblätter werden von verschiedenen Stellen im Raum von den Kindern abgeholt. Der Lehrer wechselt selbst öfter die Position im Raum. So hören die Kinder seine Stimme aus einer anderen Richtung. Sie müssen sich bewegen, um zur Tafel an der Seite oder zum Overheadprojektor an der Rückseite des Klassenzimmers zu schauen.

Konzentrationsschwachen oder bewegungsunruhigen Kindern werden vermehrt Bewegungspausen oder Bewegungsaufträge eingeräumt. Sie können die Tafel wischen, Kreide holen gehen, Arbeitsblätter zum Kopieren bringen, dem Hausmeister kurzzeitig beim Kehren helfen, Fenster öffnen, die Karte aufhängen ... Das bringt den Kindern Entlastung und fördert ihre Konzentration.

Abwechslung der Arbeitsplätze

Auch Arbeitsplätze kann man verschieden gestalten und verschieden nutzen. Und man kann an verschiedenen Orten arbeiten. Individuelle Arbeitsplätze können von den Kindern abwechselnd benutzt werden; der Gruppentisch für die Gemeinschaftsarbeit, mal das Stehpult, die Liegematte oder ein niedriger Tisch zum Sitzen auf dem Boden. Am Trimmpolin oder Wippbrett kann man kurz Dampf ablassen und in der Hängematte lesen oder auswendig lernen.

Verschiedene Lernzonen teilen das Klassenzimmer in ruhige und bewegte Gebiete auf. Flur und Treppenhaus können mit einbezogen werden.

Wer sich nicht bewegt, bleibt sitzen.

Methodische Abwechslung

Auch methodisch kann Bewegung in den Unterricht kommen. Der Frontalunterricht wechselt mit Gruppenarbeit, Partnerübungen und Freiarbeit ab. Projektunterricht verbindet Wissensvermittlung mit konkreten Handlungen und Erlebnissen, mit Planung und eigenständiger Durchführung, manchmal auch fächerübergreifend. Sing- und Sprechspiele unterstützen die Merkfähigkeit durch bessere Einprägung und rhythmisches Lernen.

Bewegungspausen

Besonders effektiv für die Konzentration ist eine kurze Bewegungspause während der letzten fünf Minuten oder in der Mitte einer Unterrichtsstunde. Es wird dadurch keine wertvolle Zeit vergeudet, die den Kindern beim Lernen verloren geht. Denn durch die Bewegung werden starre Haltungen, die viel Energie verbrauchen, gelockert und entspannt. Ermüdungen der Muskulatur und Fehlhaltungen der Wirbelsäule werden vermieden. Bewegung versorgt den Körper und das Gehirn mit zusätzlichem Sauerstoff und

Schon fünf Minuten gezielte Bewegung für alle Kinder ermöglicht ein ruhigeres, effektiveres Lernen im weiteren Unterrichtsverlauf.

Bewegungspausen
- *entlasten von starrer Sitzhaltung,*
- *befreien von Bewegungsdrang,*
- *entspannen von geistiger Anforderung und*
- *fördern neue Konzentration.*

weckt frische Lebensgeister. Die Kinder können sich nach dieser Bewegungsphase erneut konzentrieren und besser mitarbeiten. Es genügt hierbei bereits, wenn die Kinder einmal den Flur entlang rennen oder sich selbständig bewegen.

Kurzes Öffnen der Fenster, Strecken und Dehnen, Gähnen und tief Ausatmen waren früher nicht zu Unrecht sehr populär. Jede Art von Bewegung hilft. Geeignet sind besonders Bewegungsspiele, die wenig Vorbereitungszeit benötigen. Manchmal erscheint eine ruhige Entspannung notwendig, manchmal ein aktives Spiel. Beliebte Spiele können wochenlang wiederholt werden, z. B. die Tanzpausen: Die Kinder tanzen auf Musik. Beim Unterbrechen der Musik bleiben sie solange erstarrt stehen, bis die Musik wieder läuft.

BEWEGTES LERNEN – WAS IST DAS?

Die vorherigen Aspekte zeigten auf, wie sich körperliche und geistige Aktivitäten im Unterricht abwechseln und ergänzen können. Das „Bewegte Lernen“ geht noch einen Schritt weiter. Es basiert auf der Tatsache, dass Kinder leichter und gründlicher Rechnen, Lesen und Schreiben lernen, wenn sie dabei ihren ganzen Körper, Bewegung und alle Sinne einsetzen können. Bewegung wird hier also in den Lernprozess selbst integriert.

In der ersten Klasse wird der Buchstabe „M" eingeführt. Das große „M" ist aus zwei Kästen und zwei Rutschen aufgebaut. Die Kinder klettern und rutschen über den Buchstaben und schreiben ihn danach in ein Arbeitsblatt. Sie haben diesen unbekannten, abstrakten Buchstaben erst körperlich erfahren, bevor sie ihn über den Kopf „theoretisch" umsetzen.

Kindliches Lernen – Lernen in der Schule

Kinder lernen ständig – keineswegs nur in Kindergarten und Schule, sondern vor allem im Alltag. Wie vollziehen sich dabei die Lernprozesse und wie unterscheiden sie sich vom schulischen Lernen?

Die fünfjährige Evelyn will mit ihrer Freundin einige Rosinen teilen. Die Rosinen der Freundin werden mit den eigenen verglichen und mit den Fingern immer wieder nachgezählt. Die beiden machen sich so in einer für sie bedeutsamen Situation mit Zahlbegriffen vertraut.

Ist das kindliche Interesse geweckt, wird solange eifrig ausprobiert, nachgeahmt oder gefragt, bis der Sachverhalt geklärt und eine passende Lösung gefunden ist. Grundlage dieses Eifers ist die Eigenmotivation des Kindes, neue Zusammenhänge zu entdecken, zu erforschen, zu verändern und in sein vorhandenes Wissen einzuordnen. Der Vorgang des Lernens ist einem Kind wichtiger als möglichst schnell ein fernes oder unbekanntes Ziel zu erreichen. Kinder wissen intuitiv von Untrennbarkeit, Ganzheitlichkeit und ständiger Zusammenarbeit ihrer persönlichen Erfahrungsbereiche. Für sie gibt es vor dem Besuch der Schule noch keine Aufteilung in Lernen mit dem Kopf und Gedanken, Lernen mit dem Körper und Bewegung und Lernen in sozialen Begegnungen und Gefühlen.

Außerhalb der Schule lernen Kinder handelnd, d. h. in konkreten Situationen und in Bewegung.

Schulisches Lernen widerspricht dem kindlichen Bedürfnis nach ganzheitlichen Erfahrungen.

Dieses ganzheitliche Lernen griff Maria Montessori auf. Sie konnte beweisen, dass Kinder auch innerhalb der Schule selbstverantwortlich lernen können. Sie zeigte viele Übungen, in denen Kinder schulische Inhalte schneller begreifen konnten, weil sie mit ihren Händen und mit Hilfe von Materialien die Aufgaben erfahren, begreifen und lösen konnten. Viele schulische Inhalte lassen sich in Bewegung oder konkrete Handlung umsetzen. Wir können diese Aspekte in folgendem Schaubild fassen:

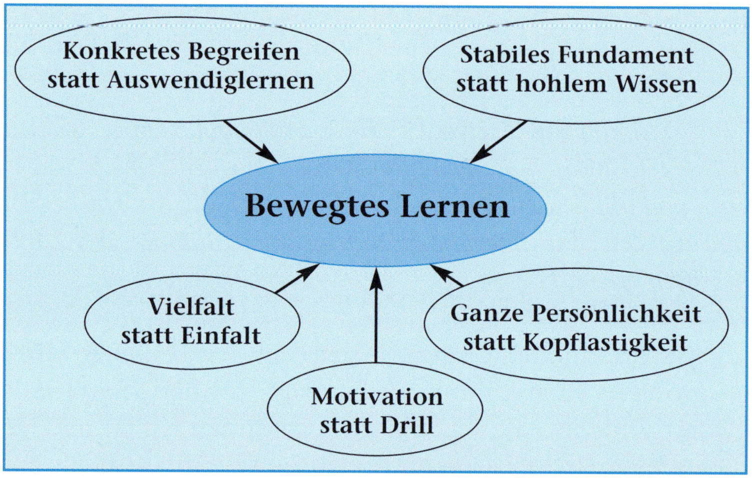

Jedes Kind will von sich aus lernen und sich weiter entwickeln. Es will kindgemäß lernen.

Das Lernen mit Hilfe des ganzen Körpers, mit allen Sinnes- und Bewegungssystemen, schafft eine sichere Basis für logisches Denken, nicht nur beim Kleinkind, sondern auch im Schul- und Erwachsenenalter. Die einzelnen Sinnes- und Bewegungseindrücke wechseln sich ab. Das Kind kann sein Wissen konkret ausprobieren, tatsächlich erfahren und fundiert anwenden.

Bewegungsmangel und -unruhe sowie Entwicklungsrückstände des Kindes können beim Bewegten Lernen berücksichtigt werden. Das Kind erhält Gelegenheit, seinen Bewegungsdrang zu befriedigen, seinen Körper wahrzunehmen und Bewegungsfreude kennen zu lernen.

Wie das Bewegte Lernen umgesetzt wird

Das Bewegte Lernen kann auf verschiedene Art angewandt werden:

- *Die Kinder haben ein Arbeitsblatt fertig. Sie dürfen auf dem Trimmpolin in der Klassenzimmerecke eine Minute lang springen. Dann nehmen sie sich das nächste Arbeitsblatt und lösen am Tisch die Aufgaben.*
  Die Kinder ermüden nicht so schnell und können sich länger konzentrieren, wenn sie sich nach konzentrierter Kopfarbeit kurzzeitig bewegen dürfen.

Abwechselnde Beanspruchung von Kopf und Körper

- *Die Kinder erhalten eine Kopfrechenaufgabe. Sie lösen die Rechnung, während sie mit dem Pedalo zur anderen Raumseite fahren. Sie tragen dort das Ergebnis in das Arbeitsblatt ein.*
  Die Kinder dürfen sich bewegen, während sie bestimmte Denkaufgaben lösen. Dies ist für Kinder motivierend. Es schafft Abwechslung und Konzentration.

Gleichzeitige Beanspruchung von Kopf und Körper

- *Im Klassenzimmer ist eine Wegstrecke mit Zahlen und entsprechenden Kontrolltürmen aufgebaut. Die Kinder transportieren vier Schaumstoffsteine auf ihrem Rollbrett. Sie dürfen damit vier Meter weit bis zu der Markierung „4" fahren. Dort kontrollieren die Kinder durch den Vergleich zwischen dem Kontrollturm aus vier Schaumstoffsteinen und ihren mitgebrachten Schaumstoffsteinen die Richtigkeit ihrer zurückgelegten Weglänge.*
  Die Kinder erfahren durch die konkrete Handlung in der Bewegungsaufgabe die tatsächliche Bedeutung und den symbolischen Inhalt der schulischen Aufgabe auf eine ganzheitliche Weise.

Inhaltliche und sinnvolle Verknüpfung

Lernspielsituationen

Das Bewegte Lernen kann in jedem Unterrichtsfach eingesetzt und zu Lernspielsituationen ausgebaut werden.

Zum Beispiel können in einer Unterrichtseinheit verschiedene Unterrichtsfächer an verschiedenen Stationen mit unterschiedlichem Material und aus verschiedenen körperlichen Bereichen angeboten werden.

- *Rechnen mit der Säge: Die Kinder sägen von einer Holzlatte, auf der in gleichen Abständen Striche aufgemalt sind, ein Stück ab (Subtraktion).*
- *Schreiben mit Rollbrettern: Die Kinder fahren mit dem Rollbrett die Buchstabenform ab, die mit Kreide auf dem Boden aufgezeichnet ist.*
- *Lesen auf der Drehscheibe: Die Kinder liegen auf dem Drehkreisel und ordnen aus den umliegenden Karten die Wortkarten entsprechenden Bildkarten zu.*

7. Kapitel

BEWEGUNG SUCHT DIE RUHE

Bewegung begegnet der Welt,
berührt den anderen,
erfährt sich selbst,
findet zur Ruhe.

ENTSPANNUNG – TEIL DER BEWEGUNG

Entspannung gehört genauso wie Bewegung zum menschlichen Leben. Entspannung und Bewegung, Wahrnehmung und Erkenntnisse, soziale Faktoren und Gefühle hängen eng miteinander zusammen. Unvorstellbar ist ein Leben in ständiger Bewegung, ohne Erholung, ohne Zeit zum Verschnaufen oder zum Nachdenken. Gönnen wir uns keine Erholung, verschafft unser Körper uns Ruhe, indem er erschöpft oder krank wird. Der Stress, die Hektik eines ruhelosen Lebens – wie es viele heute führen – resultiert oft in chronischen Beschwerden oder völligem Zusammenbruch.

Kindliche Entspannung und Bewegung gehören zusammen; sie wechseln sich ständig ab.

Beobachtet man Kinder – egal welchen Alters – im freien Spiel, wird man ein ausgeglichenes und ausgleichendes Spiel erleben. Sie wechseln ständig zwischen aktiven und ruhigen Momenten. Kinder suchen nach neuen Reizen, Bewegungs- und Spielanlässen. Sie spielen vertieft und ausgiebig, bis sie sich in einer Ruhepause erholen und das Erlebte „verdauen". Die anschließenden Überlegungen führen zu neuen Aktivitäten. Kinder können sich entspannen. Nur entspannen sie sich anders, als wir dies aus unserem Erwachsenenblickwinkel erwarten. Meist wird Entspannung mit Stillhalten und Ruhigliegen verwechselt. Doch so können viele Kinder nicht entspannen.

Es ist für ein Kind nicht wichtig, zehn Minuten oder eine halbe Stunde ruhig liegen zu können, ohne sich zu bewegen. Bedeutsam ist, dass das Kind selbständig zwischen Anspannung und Entspannung, zwischen Anstrengung und Genuss wechseln kann.

SPIELEND ENTSPANNEN

Ein Kind lernt und entwickelt sich spielerisch. Es lernt auch Entspannung eher durch Nachahmen, Erkunden und Ausprobieren, weniger durch verbale Anweisungen. Es sucht märchenhafte, faszinierende, sinnhafte, aber ziellose Situationen in träumerischen Farben, um kurze, tiefe Augenblicke zu genießen.

Es gibt viele verschiedene Ansatzpunkte, um mit einem Kind entspannende Momente zu erleben und es schrittweise auf der eigenständigen Suche nach erholender und erfüllender Ruhe zu begleiten. Wichtig ist hierbei, die tatsäch-

Kindgemäße Entspannung bedeutet nicht, Entspannungstechniken der Erwachsenen unverändert auf das Kind zu übertragen.

Grundsätze kindgemäßer Entspannung

- *Kindzentrierte lustvolle Entspannung ist das Gegenteil von zwanghafter, angespannter Totenstille.*
- *Entspannung ist mehr ein bewegendes Loslassen als ein steifes Verhalten.*
- *Entspannung bedeutet eher den Augenblick leben und genießen als angestrengt oder ängstlich die Augen verschließen.*
- *Kindliche Entspannung bevorzugt spielerische Körperlichkeit und Abwechslung in traumhaften Geschichten statt monotoner und langweiliger Ruhe.*
- *Frei gewählte und sinnvoll erlebte Entspannungsphasen sind wesentlich wertvoller als von außen motivierte und geführte Ruhesequenzen von gehorsamen Kindern.*
- *Der erste Schritt in Richtung Entspannung besteht darin, Überforderung, Stress, Zwang und Fremdbestimmung des Kindes zu vermeiden.*

lichen Bedürfnisse und Stimmungen des Kindes zu akzeptieren und entsprechende Spiele anzubieten, aufzugreifen oder abzuändern. Wichtig ist, die Entspannungsfähigkeit des Kindes zu fördern, sie aber auf keinen Fall einzufordern. Es ist wertvoller, wenn ein Kind – leicht unterfordert – von sich aus die Entspannungsphase verlängern will, als wenn das Kind – überfordert – die Ruhe abbrechen und stören muss.

Fang- und Tobespiele

Toben bis zum Umfallen

Schon in vielen einfachen Fang- und Tobespielen erlebt das Kind den Wechsel von Anspannung und Entspannung, von Abwarten und Befreien. Angestauter Bewegungsdrang – nicht von komplizierten Regeln eingeschränkt – findet erlaubten, sogar erwünschten Ausgang, bis hin zur körperlichen Erschöpfung. Freiwillig und selbständig sucht das Kind nach erholenden Pausen. Maximale Anspannung führt zu maximaler Entspannung.

Die Tollkirsche

Ein Kind ist der Fänger (Kobold). Es versucht mit einem roten Luftballon (Tollkirsche) andere rennende Kinder zu berühren. Werden Kinder von der Tollkirsche berührt, bleiben sie auf der Stelle stehen und zappeln, so stark sie können, mit dem ganzen Körper wild herum – solange, bis ein anderes Kind (eine Fee leise vorbeigeflogen) kommt und sie behutsam am rechten Ohr berührt. Die befreiten Zappel-Kinder fallen ohnmächtig zu Boden und ruhen sich kurz aus. Der Kobold-Fänger berührt mit der Tollkirsche keine Kinder, die ruhig am Boden liegen.

Bewegungsinseln

Sehr beliebt sind bei Kindern Bewegungsinseln, Orte, die sie kurzzeitig aufsuchen können, um ihrem Bewegungsdrang nachzugeben. Das Kind benutzt solche Bewegungsinseln selbständig und erfährt über ihren Gebrauch die ordnende Struktur gelenkter Bewegung.

Schaukeln
Das Kind schaukelt selbständig so hoch, so heftig, so wild, so lange, wie es will. Es tobt sich aus und stimuliert sein Gleichgewichtssystem. Es findet durch die Schaukel zur ordnenden Bewegung. Es soll nicht von einem anderen Kind angeschoben werden. Wichtig ist die eigene Bewegung und Kontrolle des Kindes. Manchmal lässt es den Schwung auslaufen und findet auch an der langsamen, gleichmäßigen Schaukelbewegung ruhiges Vergnügen.

Körpererfahrungsspiele

Diese Spiele wecken die Neugier, den eigenen Körper, seine Grenzen und seine feinen Bewegungsmöglichkeiten besser wahrzunehmen. Die Beobachtung und der behutsame Umgang mit dem eigenen Körper unterbrechen blinden Aktionismus oder die Flucht in Bewegung.

Neue Körperwahrnehmung beruhigt das Kind.

Sandwich
Die Kinder (Würstchen) liegen auf einer großen Matratze. Sie werden mit einem gelben, roten oder weißen Ball (Senf, Ketchup, Majonäse) abgerollt. Anschließend werden sie mit einer zweiten großen Matratze zugedeckt. Viele Kinder wünschen, dass der Erwachsene (oder andere Kinder) verstärkt Druck auf die Matratze ausübt.

Auch Massagespiele (siehe Seite 60) sind sehr beruhigend. Sie „berühren“ das Kind über die Haut. Sie schenken Aufmerksamkeit und Geborgenheit, Körperkontakt und Zärtlichkeit. Sie sind eine direkte Form der Zuwendung und des Genießens, partnerweise oder in der Gruppe.

Berührungen genießen Kinder in besonderer Weise.

ORTE DER SELBSTÄNDIGEN ENTSPANNUNG

Freiwilligkeit fördert immer die Selbststeuerung und Selbstbeherrschung.

Alle Kinder tragen in sich das Bedürfnis, Ruhe und Entspannung zu genießen. Aber nicht jedes Kind will zu jeder Zeit mit allen anderen Kindern gleichzeitig und nach der gleichen Methode entspannen. Dabei kann man Kindern durchaus mehr Freiraum und Selbstverantwortung im Handeln, Erleben und Lernen von Entspannung zugestehen. Ein Kind benötigt kein Erziehen oder Schieben zur erholenden, gelösten Ruhe. Es benötigt die entsprechende Umgebung, Raum und Zeit, und den notwendigen Rahmen als sicheren Halt, um selbständig und von sich aus Entspannungsphasen oder Ruhepausen mit individueller Dauer und Intensität – eben ihm angemessen – zu wählen. Diese Freiwilligkeit ermöglicht dem Kind nicht nur eine hohe Eigenmotivation, sondern auch eine bewusste und zielgerichtete Steuerung seiner Handlung. Der Erwachsene sorgt für den äußeren Rahmen und die Einhaltung der Minimalregeln.

Die Entspannungsinsel

Entspannungsinseln im Alltag geben dem Kind die Gelegenheit, sich nach seinen eigenen Bedürfnissen zurückzuziehen und zu entspannen.

Besonders unruhige Kinder erholen sich nach dem Austoben freiwillig in diesen reizarmen, aber attraktiven Rückzugsmöglichkeiten.

Einige Beispiele für mögliche Entspannungsinseln:

- *Eine dunkle Höhle unter einem Tisch, unter einem umgelegten bedeckten Tor oder in einem großen Karton,*
- *ein Tunnel aus Stoff oder Matratzen, aus Kästen, Langbänken und Matten,*
- *aufgespannte Hängematten,*

- *mit Material gefüllte Kuppelzelte oder große Wannen (Decken, Zeitungen, ungesponnene Wolle, Plastikbällchen).*

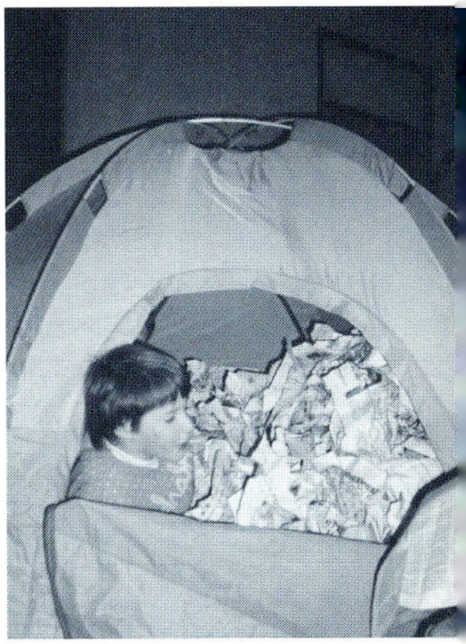

Entspannungsparcours

Einzelne Enspannungsinseln können auch in einen Entspannungsparcours eingebaut werden. Er wird durch unterschiedliche Stationen, die von den Kindern beliebig gewählt werden können, strukturiert. Bewegungs-, Ruhe- und Konzentrationsstationen wechseln sich dabei ab. Die Kinder bestimmen die Zeitdauer, die sie an einer Station spielen wollen oder sie gehen auf ein Signal hin zur nächsten Station weiter.

Boxtraining an den Stationen

Kampfarena (zwei freiwillige Boxer kämpfen auf einer Matte) – Föhnstudio (zum Schweißtrocknen) – Sandsack – Springen auf dem Trimmpolin/Seilspringen – Punchingball – Massagebank – Ruhezelt (absolutes Schweigen).

Der Entspannungsraum

Der Entspannungsraum ist durch absolut einzuhaltende Ruhe und Behutsamkeit gekennzeichnet. Die Kinder besuchen den Entspannungsraum freiwillig. Wollen sie toben oder großräumig und laut spielen, steht ihnen außerhalb des Raumes eine Bewegungsalternative zur Verfügung.

Das Krankenhaus

Einige Matratzen liegen auf dem Boden. Über ihnen ist ein Schwungtuch oder ein anderer Stoff als Zelt gespannt. In diesem Krankenhaus (Intensivstation) herrscht absolutes Sprechverbot. Kinder als Ärztinnen und Pfleger verständigen sich nur mit Zeichensprache. Freiwillige Kinder als „Notfälle" werden mit Massageöl, Bällen, Luftpumpen (als Spritzen), Hölzchen (als Schie-

nen), Bandagen und Verbandsmaterial behandelt und gepflegt. Es gibt Narkosen, Operationen, Bettruhe und vor allem sofortige Genesung auf Wunsch des Patienten.

Ist ein Kind bereit, die reichhaltige und befriedigende Tiefe der Stille zu entdecken, zeigt es in aller Deutlichkeit sein Bedürfnis nach Ruhe. Dann genießt es kindgemäße und fantasievolle Yogaübungen genauso wie Elemente aus dem Autogenen Training für Kinder. Die Atmung wird automatisch langsamer, tiefer und voller. Innere Bilder und Gefühle werden wahrgenommen und betrachtet. Das Kind ist versunken während des Malens von meditativen Bildern und Mandalas, während des Betrachtens von flackernden Kerzenflammen und glimmenden Lagerfeuern oder während einer langsamen, träumerischen Musik. Es lauscht auf den Schoß des Erwachsenen gekuschelt oder an andere Kinder angeschmiegt den Märchen und Erzählungen, die in kindlicher Sprache und leicht verständlich von fernen Welten, von Tieren, Fabelwesen oder nahen Erlebnissen, von vergangenen Zeiten oder zukünftigen Träumen berichten.

8. Kapitel

KREATIVE SPIEL-MATERIALIEN

Spielsachen, aber auch Materialien aus Natur und Alltag, wollen erforscht, ausprobiert und bewegt werden. Sie verlocken zu vielen neuen Bewegungserfahrungen und unterstützen die kindliche Entwicklung.

„BEWEGENDES" SPIELZEUG

Alle Kinder können Bewegungen ohne Material ausführen. Doch verschiedenste Materialien unterstützen zusätzlich die Körper- und Bewegungserfahrung. Attraktives Material lockt die kindliche Neugier, es zu erforschen, zu begreifen und auf vielfältige Art zu benutzen. Das Kind lernt durch den Umgang mit Materialien, auf entsprechende Wahrnehmungen und Umweltbedingungen mit bekannten oder neuen Bewegungsmustern, Plänen und Handlungen zu reagieren.

Statt vorgefertigten, speziellen Spielsachen brauchen Kinder vielseitiges Spielmaterial, das zu eigener Gestaltung und Handlung herausfordert.

Selbstverständlich ist die Natur nicht nur der natürlichste, sondern auch der vollständigste und wohldosierteste Bewegungs- und Erfahrungsraum, dessen „Material" alle Sinnes- und Bewegungsbereiche umfassend stimulieren kann – ohne der Gefahr einer Reizüberflutung zu unterliegen. Da dieses Lern- und Vergnügungsfeld inzwischen vielerorts reduziert und zerstört wurde, muss es immer häufiger durch künstliche Materialien und Lernsituationen ersetzt werden.

Die meisten der im Folgenden aufgeführten Materialien sind leicht zu besorgen, können vielseitig eingesetzt und verwendet werden. Dabei entscheidet das Kind unbewusst, welchen Erfahrungen es sich aussetzen will, um sich selbständig, spielerisch und mit Bewegungsfreude weiter zu entwickeln. Aus dieser Vielzahl verwendbaren Materials muss der Erwachsene zumindest eine Vorauswahl treffen, um das Kind nicht zu überfordern. Ideal sind Spielsachen, die vielseitig verwendet und mit anderen Materialien kombiniert werden können. Kinder spielen damit kreativ und ausdauernd. Es ist aber nicht notwendig, alle Materialien verfügbar zu haben. Viele Kinder „ersticken" schon an ihren Spielzeugregalen. Hier gilt, wie in vielen anderen Bereichen: „Weniger ist oft mehr".

GEEIGNETE MATERIALIEN FÜR ZUHAUSE, KINDERGARTEN UND SCHULE

Einige der im Folgenden beschriebenen Materialien eignen sich besonders für Zuhause (H), andere wiederum stärker zum Einsatz in Kindergarten (K) oder Schule (S). Vieles kann in allen Bereichen eingesetzt werden. Einiges kann gemeinsam von Eltern und Kindern an einem Projekttag für Kindergarten oder Schule hergestellt werden (Außenanlage, Bewegungsbaustelle, Schaukeln, Stelzen). Alltagsmaterial kann kostengünstig oder umsonst gesammelt werden (Matratzen, Blechdosen, Zeitungen). Gebrauchte Spielmaterialien (Roller, Inlineskates) erhält man über Anzeigen in Elternbrief und Gemeindezeitung. Eltern oder Geschäfte spenden oft Materialien für Kindergärten. Hilfreich sind als Anlass bestimmte Projekte, über die örtliche Zeitungen berichten können. Im Kontakt mit anderen Kindergärten, Schulen oder Einrichtungen in der näheren Umgebung kann gegenseitig Material ausgeliehen werden (Materialbörse). Gelagert wird das Material in Regalen auf dem Flur. Praktisch sind hoch an der Wand angebrachte Regalbretter, sodass Kinder unten ungefährdet durchlaufen können. In Kisten verpackt findet sich Platz in Keller- und Speicherräumen oder in einem kleineren Schuppen.

Geeignete Materialien sind attraktiv, sinnvoll, reizvoll und variabel einsetzbar.

- **Alltagsmaterialien:** Autoreifen, Autoschläuche, Blechdosen, Bettbezug, Bierdeckel, Decken, Eimer, Filmdöschen, Garnrollen, Joghurtbecher, Korken, Matratzen, Meterstab, Plastikplane, Schachteln, Stühle, Teppichfliesen, Tonnen, Wäscheklammern, Wollknäuel, Zeitungspapier.
- **Freizeitmaterialien:** Bocciakugeln, Drachen (H), Fahrrad (H, S), Frisbee (H, S), Inlineskates (H, S), Jo-Jo (D, S), Jongliermaterial (H, S), Kuppelzelt (mit Material ge-

füllt), Luftballon, Murmeln, Roller, Rollschuhe (H, S), Rückschlagspiele (H, S), Schaukeln, Skateboard (H, S), Stelzen (H, S), Strickleitern, Taschenlampen, Tennisbälle, Tischtennis (H, S), Trimmpolin.

- **Geräte aus heilpädagogischer Rhythmik und Krankengymnastik:** Bänder, Bauklötze, Fingerfarben, Kegel, Rhythmus- und Musikinstrumente, Sand- und Fühlsäckchen, Schaukelbrett, Schaumstoffbälle, Sitzball, Stäbe, Therapiekreisel, Tücher, Wurfringe.
- **Naturmaterialien:** Bach, Blätterhaufen, Blume, Eis, Gestrüpp, Heu, Kletterbäume und -felsen, Linsen, Maisfeld, Matsch, Moos, Pfützen, Pusteblume, Regen, Sand, Schafwolle (ungesponnen), Schnee, Steine, Stöcke, Tannenzapfen, Wald, Wasser, Wiese, Wind.
- **Psychomotorische Materialien:** Airtramp (K, S), Baumaterial aus Holz oder Schaumstoff, Heulhörner, Hüpfball, Kriechtunnel, Pedalos (K, S), Riesenluftballon, Riesenmikadostäbe, Rollbrett (K, S), Schwungtuch (K, S), Zeitlupenball.
- **Sporthallengeräte:** Bälle, Barren, Kasten, Minitramp, Langbank, Reck, Reifen, Ringe, Seile, Sprossenwand, Taue, Trampolin, Turnmatten, Weichbodenmatte, – oftmals in einem anderen Einsatz als gewohnt (alles K, S).

9. Kapitel

THERAPEUTISCHE UND PÄDAGOGISCHE HILFEN

Regelmäßige Bewegung im Alltag lässt viele Probleme erst gar nicht entstehen. Doch auch wenn ein Kind unter einer anhaltenden Auffälligkeit leidet, kann ihm gezielt geholfen werden.

DIE THERAPEUTISCHE BEHANDLUNG

Bewegung schadet keinem Kind. Mehr Bewegungsangebote im Alltag, im Kindergarten oder in der Schule helfen allen Kindern. Doch einige der bewegungs-, wahrnehmungs- oder verhaltensauffälligen Kinder benötigen zusätzliche pädagogische oder therapeutische Unterstützung, die vom Kinderarzt verordnet, von der Einrichtung getragen oder privat bezahlt werden muss.

In der therapeutischen Behandlung wird nach einem der drei folgenden Gesichtspunkte – oder einer Kombination daraus – vorgegangen:

Schwächen werden durch Üben ausgeglichen.

Defizitfixiert: Durch spezielle Übungsprogramme sollen gezielt die auffälligen Schwächen des Kindes ausgeglichen werden. Die funktionellen Übungen werden meist vorgegeben und vorgemacht. Das Kind ahmt die Übungen nach, wiederholt sie und wird individuell korrigiert, um möglichst schnell die gesteckten Ziele zu erreichen.

Grundlegende, fehlende Bewegungserfahrungen werden gezielt nachgeholt.

Entwicklungsorientiert: Aufgrund der Befunde wird auf ein Fehlen früherer grundlegender Entwicklungsbausteine geschlossen. Diese fehlenden Erfahrungen werden dem Kind funktionell oder spielerisch angeboten, damit es seine sichtbaren Schwächen reduzieren kann.

Die Stärken des Kindes werden gestärkt.

Kindzentriert: Hat der Erwachsene Vertrauen in die eigenständige Entwicklung des Kindes, sorgt er für eine entsprechend reizvolle Umgebung, in der das Kind genügend Sinneseindrücke und Bewegungserfahrungen erhält. Die Schwächen des Kindes werden akzeptiert und nicht zum Mittelpunkt der Behandlung. Die kindlichen Stärken werden betont. Die kindlichen Bedürfnisse werden berücksichtigt. Das Selbstvertrauen wird gestärkt, sodass das Kind selbständig und im eigenen Tempo Entwicklungsrückstände im kindgemäßen, spielerischen Lernen aufholt.

> *Kindliches Spiel außerhalb der Pädagogik und Therapie zeigt natürliches und kindgemäßes Lernen:*
> *spielerisch, sinnvoll, ziellos, selbständig,*
> *erlebnis- und abwechslungsreich,*
> *„zufällig" statt geradlinig –*
> *ein Ratgeber für jede Pädagogik und Therapie!*

Bei jeder Therapie gilt daher: Jedes Kind muss seinen nächsten Entwicklungsschritt selbst tun. Keine Mutter, kein Vater, kein Pädagoge, kein Therapeut kann ihn für das Kind übernehmen. Nicht wir entwickeln das Kind – es entwickelt sich, indem es die angebotene Umwelt durch Wahrnehmung und Bewegung aktiv in Handlung umsetzt.

Geringe Unterforderung weckt Eigeninitiative, schon geringe Überforderung tritt auf die Bremse und weckt Widerstand.

Kindliches Lernen kennt kein Ziel, aber tausend Wege.

WELCHE THERAPIEFORMEN GIBT ES?

Im Folgenden werden die verschiedenen Therapiestellen kurz angeführt. Dabei hat jede Einrichtung ihren eigenen Behandlungsschwerpunkt. Je ganzheitlicher gearbeitet wird, umso ähnlicher erscheinen die verschiedenen Behandlungen. Grundlegende Bewegung und der gesamte Körper werden dabei mit einbezogen.

Beratungsstelle

In der Erziehungsberatung wird dem Kind durch Einzelgespräche, Verhaltenstraining und Spieltherapie geholfen, seine problematische Situation besser zu verstehen und in den Griff zu bekommen. Gespräche mit den Eltern berücksichtigen den familiären Einfluss und tragen zur Auflösung eventueller zwanghafter Rollen bei.

In der Bildungsberatung werden mögliche Ursachen von Lernstörungen oder schulischen Schwierigkeiten untersucht. Es werden Pläne zur Behebung der Schwierigkeiten erarbeitet, weiterführende Therapien oder andere schulische Konsequenzen im Gespräch mit den Eltern vorgeschlagen.

Edu-Kinästhetik

Mangelhafte Zusammenarbeit der Gehirnhälften soll durch spezielle Muskeltestverfahren erkannt und durch gezielte Körperübungen und Energiebalancen verbessert werden. Das Gehirn soll über meist diagonale und beidseitige „Gehirngymnastikübungen" erzogen werden, leichter, konzentrierter und effektiver lernen zu können.

Ergotherapie

Ergotherapie findet meist im Alter von vier bis zehn Jahren in einer Einzelbehandlung statt. Dabei kann gezielt auf eventuelle Schwächen der Wahrnehmungssysteme und Schwierigkeiten beim schulischen Lernen eingegangen werden. Hauptsächliches Augenmerk wird auf das intakte Einordnen und Umsetzen von Wahrnehmungseindrücken *(sensorische Integrationstherapie nach Jean Ayres)* gelegt. Außerdem wird die Entwicklung von Feinmotorik und Handgeschicklichkeit als Voraussetzung zum Erlernen des Schreibens beachtet.

Frühförderstelle

Schon zu einem möglichst frühen Zeitpunkt werden den Eltern Beratung und Hilfestellung von einem Team aus TherapeutInnen, Heil- und SonderpädagogInnen angeboten, um bereits im Kleinkindalter (0 bis 3 Jahre) mögliche Entwicklungsrückstände oder Behinderungen abzuwenden.

Heilpädagogik

In der heilpädagogischen Übungsbehandlung werden dem Kind im Alter von drei bis zehn Jahren Spielmaterialien angeboten, um kindliches Verhalten zu lenken und das Selbstwertgefühl zu fördern. Spieltherapie oder der Einsatz von Handpuppen unterstützen das Kind, seine Gefühle auszudrücken, zu ordnen und sein Verhalten zu verändern. Innerhalb der Gruppenbehandlung wird durch musikalisch-rhythmische Erziehung unter Einsatz bestimmter Materialien eine Harmonisierung von Wahrnehmung, Bewegung und Verhalten angestrebt.

Krankengymnastik

Besonders bewegungsgestörte Säuglinge, Kleinkinder und haltungsauffällige Schulkinder werden zur Krankengymnastik geschickt. Die Krankheitsbilder reichen von zentralbedingten Lähmungen bis zu Wirbelsäulenverkrümmungen oder Plattfüßen. In Einzelbehandlungen werden durch Bewegungsübungen Verbesserungen besonders des Bewegungsverhaltens des ganzen Körpers, der Stabilität, des Gleichgewichtsvermögens und der Koordinationsfähigkeit erreicht. Die Bewegungsübungen werden mit und ohne Material durchgeführt.

Logopädie

Der Schwerpunkt der Einzelbehandlung liegt auf der Verbesserung der Sprache. Dabei wird die allgemeine Mundbeweglichkeit geübt und die Wahrnehmung im Mundbereich oder beim Hören angeregt. Das Sprechen einzelner schwieriger

Buchstaben oder Wörter wird trainiert. Immer mehr LogopädInnen beziehen Bewegungen des ganzen Körpers, nichtsprachliche Kommunikation und Sprachhandlungen als Grundlage sprachlicher Entwicklung in die Behandlung mit ein, z. B. in Form von Rollenspiel, Sing- und Tanzspiel.

Psychomotorik

Hier steht die spielerische Bewegung im Mittelpunkt der Behandlung, im Wissen um den engen Zusammenhang von Bewegung, Wahrnehmung, Verstand, Verhalten und Gefühl. Mit Hilfe von attraktivem Material werden Bewegungs- und Körpererfahrungen vermittelt. Der Umgang mit verschiedenen Materialien schult Anpassungsfähigkeit, Kreativität und Handlungskompetenz. Die Gruppensituation (vier bis acht Kinder) ermöglicht den ca. vier- bis zehnjährigen Kindern soziale Erfahrungen. Durch Selbständigkeit und Motivation werden Selbstbewusstsein gestärkt, Bewegungsfreude und Eigenentwicklung gefördert.

Reittherapie

Das Kind lernt mit Pferden umzugehen. Es wird in stabiler Körperhaltung, Gleichgewicht und Geschicklichkeit geschult. Es muss seine Bewegungen den Bewegungen des Pferdes anpassen. Außerdem kann es eine unvoreingenommene und klare Beziehung zu den Tieren aufbauen.

BUCHTIPPS, MATERIALIEN UND ADRESSEN

BUCHTIPPS

1. Kapitel

Ayres, A. J.: Bausteine der kindlichen Entwicklung. Springer, 3. Aufl. 1998

Affolter, F.: Wahrnehmung, Wirklichkeit und Sprache. Neckar, 8. Aufl. 1997

Erikson, E.: Identität und Lebenszyklus. Suhrkamp, 17. Aufl. 1998

Piaget, J.: Das Erwachen der Intelligenz beim Kinde. Klett-Cotta, 4. Aufl. 1996

2. Kapitel

Dordel, S.: Bewegungsförderung in der Schule. Verlag Modernes Lernen, 1993

Kleine, W.: Entwöhnen wir unseren Kindern die Bewegung? In: Sportunterricht, Heft 11,1997

Kükelhaus, H.: Entfaltung der Sinne. Fischer, 1982

3. Kapitel

Aly, M./Tumler, M.: Kopfkorrektur oder Der Zwang gesund zu sein. Rotbuch, 1981

Axline, V.: Dibs. Knaur, 1976

Buchtipps

Breitecker, D.: In die Schule kommt Bewegung, in: Haltung und Bewegung 2/96

Grüttner, T.: Hilfen bei Legasthenie. rororo, 1987

Hermann-Roettgen, M.: Unser Kind spricht nicht richtig. Trias, 1997

Mutzeck, W./Pallasch, W.: Integration von Schülern mit Verhaltensstörungen. Deutscher Studienverlag, 4. Aufl. 1992

Passolt, M. (Hrsg.): Hyperaktive Kinder: Psychomotorische Therapie. Reinhardt, 2. Aufl. 1997

Pauli, S./Kisch, A.: Was ist los mit meinem Kind? Urania-Ravensburger, 1998

Voß, R.: Pillen für den Störenfried? Reinhardt, 2. Aufl. 1990

Voß, R.: Keine Pillen für den Zappelphilipp. rororo, 1990

4. Kapitel

Leboyer, F.: Geburt ohne Gewalt. Kösel, 9. Aufl. 1998

Thiesen,P.: Klassische Kinderspiele. Beltz, 1993

Zimmer, R.: Schafft die Stühle ab. Herder, 1995

5. Kapitel

Köckenberger, H.: Bewegungsräume. Verlag Modernes Lernen, 1998

Miedzinski, K.: Die Bewegungsbaustelle. Verlag Modernes Lernen, 8. Aufl. 1998

Zimmer, R.: Sport und Spiel im Kindergarten. Meyer und Meyer, 3. Aufl. 1997

6. *Kapitel*

Beudels, W./ Kleinz, N./ Delker, K.: Außer Rand und Band. Verlag Modernes Lernen, 2. Aufl. 1998

Brand/Breitenbach/Maisel: Integrationsstörungen. Würzburg 1988

Esser, B./Wilde, C.: Montessorischulen. rororo, 1989

Illi, U./Breitecker, D./Mundigler, J.: Bewegte Schule – gesunde Schule. Zürich 1998

Köckenberger, H.: Bewegtes Lernen. Verlag Modernes Lernen, 1997

Stieren, B.: Pausenspiele. Oldenbourg, 3. Aufl. 1997

7. *Kapitel*

Köckenberger, H./Gaiser, G.: Sei doch endlich still. Entspannungsspiele und -geschichten für Kinder. Verlag Modernes Lernen, 1996

Pirnay, L.: Kindgemäße Entspannung. Eigenverlag, 1993

8. *Kapitel*

Köckenberger, H.: Bewegungsspiele mit Alltagsmaterial. Verlag Modernes Lernen, 1999

Schraag, M.(Hrsg.): Geräte und Materialien in der Bewegungserziehung. Hofmann, 1996

MATERIALIEN

Holz-Hoerz
Postfach 1103
72521 Münsingen
Tel. 0 73 81/9 35 70

Loquito Spiel und Sportgeräte –
Materialien für die Bewegungsbaustelle
Fringasse 11
52388 Wissersheim
Tel. 0 24 26/90 13 64

aeris – bewegte Stühle
Ammerseestr. 6
85551 Kirchheim

Leitner – bewegte Stühle
Helmerding 3
A-4923 Lohnsburg

ADRESSEN

Aktionskreis Psychomotorik
Kleiner Schratweg 32
32657 Lemgo
Tel. 0 52 61/9 70 97

Internationales Projekt „Bewegte Schule“
Urs Illi
Bildwis 5
CH-85564 Wäldi

AGR
Aktion gesunder Rücken
Postfach 1361
27423 Bremervörde

Verein zur Förderung
Wahrnehmungsgestörter Kinder e. V.
Büdingerstr. 17
60435 Frankfurt/Main
Tel. 069 95 43 18-0

Bundesverband Legasthenie
Königstr. 32
30175 Hannover
Tel. 0511/31 87 38

Bundesarbeitsgemeinschaft
zur Förderung der Kinder und Jugendlichen
mit Teilleistungsstörungen (MCD/HKS)
Wendelinstr. 64
50933 Köln

Bundesverband
zur Förderung haltungs- und bewegungsauffälliger
Kinder und Jugendlicher
Fischtorplatz 17
55116 Mainz

Bundesverband der Elterninitiativen
zur Förderung hyperaktiver Kinder e. V.
Postfach 60
91291 Forchheim

Adressen

Deutsche Gesellschaft für Sprachheilpädagogik
Leonberger Ring 1
12349 Berlin
Tel. 030/6057965

ÜBER DEN AUTOR

Helmut Köckenberger ist Krankengymnast und Motopädagoge und arbeitet seit 1984 mit entwicklungsauffälligen Kindern in Diagnostik, Therapie und Schule. Als Dozent ist er seit langem in der Erwachsenenweiterbildung und der Ausbildung von TherapeutInnen tätig und unterrichtet auch die Bereiche Psychomotorik, Entspannung und Körpererfahrung. Er ist Autor mehrerer Fachbücher.